HANS KARL ADAM

Die wohlerprobte Reisküche

Kuchen S. 164
dann S. 166

Hans Karl Adam

DIE WOHLERPROBTE REISKÜCHE

Ein vielseitiges Rezeptbuch für Alltag und Feste

BASTEI LÜBBE

Lizenzausgabe: GUSTAV LÜBBE VERLAG GmbH,
Bergisch Gladbach
Printed in Western Germany 1977
Einbandgestaltung: Studio Schob
Titelfoto und Farbtafeln: Gruner + Jahr
Illustration: Roland Winkler
Gesamtherstellung: Ebner, Ulm
ISBN 3-404-05157-2

INHALTSVERZEICHNIS

Gib denen, die hungern, von deinem Reis;
Gib denen, die leiden, von deinem Herzen.

Chinesisches Sprichwort

Eine javanische Reislegende

So oder ähnlich erzählte man sie mir auf meiner Reise, und ich will versuchen, sie nachzuerzählen. Java und der Reis – beide gehören zusammen wie Braut und Bräutigam. Die Insel empfing vor Tausenden von Jahren ihren Namen vom Reis, denn Java heißt im Altindischen »Reisinsel«. Wie das seltsame Paar aber zusammenkam, wird in der Reislegende erzählt.
Vor undenklichen Zeiten herrschte der große Gott Schiwa auf Java. Das Volk nannte ihn lieber Batara Guru. Man weiß, daß die Völker den Göttern gern mehrere Namen geben, denn die Mächtigen pflegen in verschiedenerlei Gestalt aufzutreten.
Batara Guru liebte die Schönheit, und wo er sie traf, huldigte er ihr. Eines Tages fiel es ihm ein, kraft seiner göttlichen Schöpfungsmacht die Schönheit selbst zu schaffen. Er gab ihr die Gestalt eines Mädchens, das er Retna Dumila nannte. Das bedeutet so viel wie »funkelnder Juwel«.
Wer einen so prächtigen Namen für sein Werk findet, muß stolz darauf sein! Was geschah? Der Stolz des Gottes verwandelte sich unversehens in Liebe. Batara Guru verliebte sich in die überirdisch schöne Retna Dumila. Ja, er war sogar fest entschlossen, seine Schöpfung zu heiraten. Retna Dumila konnte ihn natürlich nicht verstehen und schüttelte den Kopf, als er seine merkwürdige Werbung aussprach. So oft er sich ihr näherte, lächelte sie über ihn und schickte ihn fort. Schließlich entschloß sich der zornige Gott, den Rat der weisen Götter zu suchen. Die Götter entschieden, daß sich das schöne Mädchen den Wünschen seines Schöpfers zu fügen habe.

Nun durfte sich der »funkelnde Juwel« nicht mehr länger widersetzen. Retna Dumila war aber nicht nur schön, sie war auch klug. An ihre Einwilligung knüpfte sie drei Bedingungen. Wir wissen nur von dieser: Batara Guru solle eine Speise erschaffen, die man immer mit Genuß essen könne, ohne jemals einen Widerwillen dagegen zu empfinden. Natürlich erklärte sich der Gott damit einverstanden und nahm die Wünsche an. Bald aber merkte er, daß seine göttliche Allmacht leider nicht ausreichte, den einen Wunsch zu erfüllen. Es war ihm einfach nicht möglich, eine solche Speise zu finden oder selbst zu erschaffen. Nichts, aber auch gar nichts ließ er unversucht. Das werden die Verliebten unter meinen Lesern verstehen. Als ihm selbst nichts mehr einfallen wollte, schickte er einen seiner Günstlinge, Kala Gumarang, auf die Erde mit dem Auftrag, dort die wunderbare Speise zu suchen.

Kala Gumarang nahm seinen Auftrag sehr ernst und suchte auf allen Meeren und in allen Ländern der Erde. Eines Tages begegnete ihm Dewi Sri, die Gemahlin des Gottes Wishnu. Da sie ebenfalls von einer seltenen Schönheit war, konnte nun auch Kala Gumarang nicht widerstehen, ihr mit seinen Liebesbeteuerungen ein wenig nahe zu treten. Dewi Sri aber wußte sich sehr wohl zu helfen und verwandelte den aufdringlichen Liebhaber in ein häßliches Wildschwein.

Vergeblich wartete Batara Guru auf die Rückkehr seines Abgesandten und wurde sehr ungeduldig. Er konnte seine Leidenschaft nicht länger im Zaume halten und begehrte Retna, noch ehe ihre Wünsche erfüllt waren. Aber die Schöne, dem Wassertropfen gleich, der bei der zartesten Berührung zerspringt – Retna Dumila starb in dem Augenblick, als sich der Gott ihr zornig näherte, um sie ein letztesmal anzuflehen, ihm zu willfahren.

Schuldbewußt und von Herzen trauernd, ließ Batara Guru seinen »funkelnden Juwel« begraben. Ein Sterblicher, Fürst Mendang Kamulan, mußte das Grab Tag und Nacht bewachen lassen, so wollte es Schiwa.

Als vierzehn Tage und vierzehn Nächte vergangen waren, brach plötzlich aus dem Grabe ein Lichtstrahl hervor und umhüllte Pflanzen, die noch kein menschliches Auge je erblickt hatte. In diesen Pflanzen wohne die Seele seines geliebten Mädchens, verkündete Batara Guru den Menschen. Und er gab dem Sterblichen, dem Fürsten Mendang Kamulan, die Weisung: »Was dem Nabel der Retna Dumila entsprossen ist, trage den Namen Padi (Reis). Der Samen dieser Pflanze aber soll verteilt werden unter die Menschen, und er soll ihnen künftig Nahrung sein.«

Mendang Kamulan tat, wie ihn der Gott geheißen.

Das Menschenpaar aber, das der Weisung des Gottes als erstes folgte und den Reissamen aussäte, war Djaka Puring und Kjai Tuwa. Das Volk verehrte sie später als die »Reiseltern«.

Immer noch wurde Dewi Sri, die Gattin Wishnus, von dem verzauberten Kala Gumarang, dem Wildschwein, mit Liebesbeteuerungen belästigt. Sie wußte sich keinen anderen Rat, als die Götter zu bitten, genau wie Retna Dumila vom Erdboden verschwinden zu dürfen. Die Götter gewährten die Bitte, und, o Wunder, vierzig Tage und vierzig Nächte nachdem man die Göttin das letzte Mal auf der Erde gesehen hatte, wuchsen dort, wo ihr Fuß zuletzt den Boden berührt hatte, die gleichen, bisher unbekannten Pflanzen wie auf dem Grabe der Retna Dumila. Schiwa gebot, daß diese Pflanze von jenem Tage an im Wasser gepflanzt werde, während diejenige vom Grabe der schönen Retna auf trockenen Boden gesetzt werden sollte.

Bis auf den heutigen Tag wird Dewi Sri als die Göttin des Reisbaues überall in Asien verehrt. Nicht einmal der Islam vermochte diesen Glauben umzustoßen.

Auch auf der sagenumwobenen Insel Bali, dem Paradies des Reisbaues, glauben die Menschen, daß am Anfang allen Lebens der Reis war. Aus diesem Glauben erwuchs ein Kult in allen Reisanbaugebieten Asiens. Für Dewi Sri, die Göttin des Reisbaues, wird getanzt, für sie schmücken sich die Mädchen mit den buntesten und duftendsten Blumen des Landes. Für sie wird geopfert am Tage der Saat und am Tage der Ernte.

Sie glauben an Dewi Sri genauso wie an den Reis. Denn der Reis ist für sie die Quelle allen Lebens.

Mit welchen Reismengen müssen wir rechnen?

1. Reis als Beilage

Wenn Reis anstelle von Kartoffeln, Klößen und Nudeln in Verbindung mit Fleisch, Fisch, Gemüse oder Salaten auf den Tisch kommen soll, dann werden pro Person 60 g ungekochter Reis gerechnet. Da wir hier im allgemeinen bei den Rezepten von 4 Personen ausgehen, müssen wir 240–250 g Reis rechnen.

2. Reis als Hauptgericht

Handelt es sich um fette Reisgerichte, also Reis mit Fleisch oder Pilzen, denen reichlich Butter oder Speck zugesellt wird, dann werden pro Person 100 g gerechnet. Also in unserem Falle für 4 Personen 400 g. Bei starken Essern allerdings 500 g.

Bei süßen Hauptgerichten, Aufläufen oder Reis mit Kompottbeilagen empfiehlt es sich, 150 g Reis zuzubereiten, d. h. für 4 Personen mindestens 600 g.

3. Reis als Suppeneinlage

Für eine Fleischbrühe rechnen wir pro Person 30 g rohen Reis, d. h. also für 4 Personen 120 bis 125 g Reis. Bei diesen Überlegungen darf vielleicht daran erinnert werden, daß Reis in fast allen Fällen zweimal mehr Flüssigkeit aufnimmt, als sein Eigengewicht in rohem Zustand war. Also werden aus 100 g Reis nach der Zubereitung mindestens 200 g tafelfertiger Reis, meistens sogar mehr.

Interessantes vom Reis

Wo der Reistopf kocht,
wird kein Brot gegessen.

Genauso wie wir in unserem Sprachgebrauch unter dem Begriff »Brot« nicht nur den Laib meinen, sondern alles, was schlechthin zur Ernährung gezählt wird, so sagen die Asiaten »Reis« und fassen mit diesem Wort alles zusammen, was zur Nahrung gehört.

Auf der Erde wird heute eine reichliche Milliarde Menschen täglich vom Reis satt oder sollte wenigstens davon satt werden.

Reis wird überall dort angebaut, wo er die elementaren Grundlagen für sein Wachstum vorfindet. Er gehört ohne Frage zu den wichtigsten Getreidesorten der Menschheit, neben Weizen, Roggen, Mais und Hirse. Er verlangt die meiste Pflege und die größte Arbeitskraft des Menschen, deshalb kann er auch nur in großen Mengen dort angebaut werden, wo viele billige menschliche Arbeitskräfte vorhanden sind.

Oft taucht die Frage nach dem wilden Reis auf. Ihn finden wir in Australien, in Südasien und im tropischen Afrika. Jeder Reisbauer fürchtet ihn als übles Unkraut.

Wenn man ihn nicht energisch herausschneiden würde, hätte er bald den angebauten Reis verdrängt.

In Nordamerika, an den Seen in Wisconsin und Minnesota, finden wir heute noch wilden Reis. Er wird dort von den Chippewa-Indianern vom Boot aus geerntet und gilt bei ihnen als große Delikatesse.

Der deutsche Afrikaforscher Schweinfurth berichtet, daß im Gebiet Bahr el Ghasal in Zentralafrika die Eingeborenen den wilden Reis aus dem Wasser schöpfen, der dort in Massen vorkommt. Es ist ja ein Merkmal der wilden Getreidesorten, daß sie ihre Körner, also die Frucht, verlieren im Gegensatz zu den kultivierten Arten. Die Körner werden über offenem Feuer leicht geröstet und dann als Beilage zu Fisch oder Fleisch gegessen.

Reisstationen auf dem Wege zu uns

Niemand vermag heute zu sagen, welchem Volk die Ehre gebührt, den ersten Reis angebaut und kultiviert zu haben. Wahrscheinlich läßt es sich auch gar nicht mehr exakt feststellen. Allgemein wird von Reisexperten angenommen, daß es wohl Indien oder Südchina gewesen sein könnte. Nach einem alten chinesischen Buch von Shuh-king hat Kaiser Shen-nung bereits im Jahre 2800 v. Chr. beim Frühjahrsfest neben Soja, Weizen, Hirse und Gerste auch Reis angepflanzt, um dadurch seinem Volk die Bedeutung dieser wichtigen Getreideart vor Augen zu führen. Von Kaiser Jao ist uns überliefert, daß er um 2356 v. Chr. am Jangtsekiang große und kostspielige Bewässerungsanlagen bauen ließ, um die Reiskulturen zu erleichtern. Da China heute noch in der Hauptsache vom Reis lebt, bestand lange Zeit eine Ausfuhrsperre für dieses wichtige landwirtschaftliche Produkt.

Von hier aus kam der Reis nach Korea und Japan. Genauso wanderte er von Hinterindien nach Indien, dann weiter auf die Philippinen, um schließlich auch Ceylon zu erreichen.

Immer bemühten und bemühen sich die jeweiligen Regierungen mit Energie um die Verbesserung des Reisanbaues und um den Schutz des Reishandels. Auch Japan hatte bis 1873 Exportverbot. Hier wurden die Wissenschaftler in der für Japan typischen Weise auf die Erforschung des Reisanbaues konzentriert. Der Erfolg dieser Arbeit kann daraus erkannt werden, daß Japan schon 1950 eine Eigenerzeugung von 12 Mill. Tonnen hatte und nur noch 1/2 Million Tonnen dazukaufen mußte. In Formosa wird zweimal im Jahr Reis geerntet. Allein für die Bewässerungsanlagen wurden über 60 Millionen DM aufgewendet. Auf den philippinischen Inseln haben die Altmalaien vollendete Reisterrassenkulturen angelegt. Wußten Sie, daß dort von jedem Einwohner im Jahr 143 kg Reis gegessen werden? Das sind mit anderen Worten täglich fast 1/2 kg.

Auf der Insel Java, wo es bekanntlich die schönsten Frauen und die besten Tänzerinnen der Welt geben soll, pflanzte man den Reis schon um 1084 v. Chr. an. Der Reisanbau bestimmt hier das Leben der Menschen derart, daß sogar das Jahr nach Reisanbauphasen eingeteilt wird.

Ziemlich genau kann man sagen, daß der Reisweg von Indien her im letzten vorchristlichen Jahrhundert nach Persien führte. Dann erst gelangte der Reis in die Euphratniederung. Ihr Wasserreichtum war wie geschaffen zum Reisanbau. Von hier kam er erst viel später in die Mittelmeerländer.

Auf dieser historischen Reiswanderung wandelte sich auch das Wort von der alten Sanskritbezeichnung vrihi, im Iranischen zu brizi; die Perser nannten ihn wri zey, daraus machten die Griechen oryza, was heute noch im Italienischen in dem Wort riso weiterlebt. Hieraus hat sich auch unser deutsches Wort Reis gebildet.

Im Jahre 325 v. Chr. wurde durch den Feldzug Alexanders des Großen nach Asien der Reis bei den Völkern des Mittelmeeres bekannt. Eine sichere Nachricht darüber verdanken wir dem Begleiter Alexanders, Aristobulos. Wenn auch sein Werk nicht mehr erhalten ist, so hat doch Diodoros, ein griechischer Geschichtsschreiber, Aristobulos zitiert: »Der Reis steht in Indien auf Beeten, die eingedämmt und mit Wasser bedeckt sind. Die Höhe dieser Pflanzen beträgt 4 Ellen. Sie tragen viele Ähren und Körner, reifen zur Zeit, da die Plejaden untergehen, und werden wie der Spelt durch Stampfen enthülst. Er wächst auch in Baktriana, Babylonien, Susis und im unteren Syrien.« Auch Theophrast beschreibt den Reis fast genauso.

Wenn auch die Griechen wie die Römer ziemlich eingehend Kunde vom Reis hatten, so war er doch für ihre Küche so gut wie unbedeutend. Sie verwendeten ihn höchstens als Rarität auf der Tafel der Reichen oder zu medizinischen Zwecken. Niemals aber haben die Römer damals versucht, in ihrem Lande Reis anzupflanzen.

Die Araber brachten ausgangs des 7. Jahrhunderts von ihren Eroberungszügen bis an die Ufer des Atlantiks den Reis von Syrien nach Ägypten und nach ganz Nordafrika und von hier aus weiter nach Spanien und Sizilien. Nach der Eroberung der maurischen Königreiche durch Ferdinand V. von Aragon gingen die muselmanischen Reiskulturen in den Besitz der katholischen Spanier über. Später brachten die Soldaten Karls V. den Reisanbau nach Italien, wo er heute noch mit Liebe und Sorgfalt betrieben wird. Von hier aus wiederum kam er nach Südfrankreich, wo er anfangs großen Erfolg hatte, weil er mehr Ertrag brachte als jede vorher dort angebaute Körnerfrucht. Allerdings stellte es sich dann heraus, daß durch die Bewässerungsverhältnisse der Malaria Vorschub geleistet wurde; deshalb drängte die Obrigkeit auf Einschränkung des Anbaugebietes.

Erst in der Mitte des 17. Jahrhunderts kam der Reis nach Nordamerika. Das Verdienst, ihn dort eingeführt zu haben, gebührt dem englischen Gouverneur von Virginia, Sir William Berkeley. Er bekam aus seiner Heimat $^1/_2$ Bushel Reis, das entspricht etwa 18 Litern. Daraus wurden 576 Liter Reis erzielt. Dennoch dauerte es bis zum Ende des Jahrhunderts, ehe man davon sprechen konnte, daß in Nordamerika der Reisanbau florierte.

Im Jahre 1694 lief, von Madagaskar kommend, eine holländische Brigantine in Charleston, der Hafenstadt von Südkarolina, ein. Der damalige Gouverneur Thomas Smith erhielt vom Kapitän dieses Schiffes als Geschenk ein Säckchen mit Reiskörnern, welches er zufällig bei sich an Bord hatte. Da der Gouverneur ein Stück sumpfiges Land sein eigen nannte, versuchte er mit diesem Reis den Anbau, und siehe da: zu seiner großen Freude glückte er wunderbar. Dies war der Anfang einer blühenden Reiskultur in Südkarolina, wo

der beste Reis geerntet wurde, den es bis dahin in der Welt gab. Heute wird dort kaum noch Reis angepflanzt, und was als Karolinareis im Handel angeboten wird, stammt entweder aus Java oder aus Kalifornien. Anfang des 18. Jahrhunderts kam der Reisbau auch nach Südamerika. Hierher brachten ihn Holländer; und eingewanderte Inder kultivierten ihn derart vollendet, daß sie beachtliche Ernten erzielen konnten. Auf der pazifischen Seite, also Kolumbien, Ecuador, Peru und Chile, wurde Reis bereits durch Portugiesen und Spanier eingeführt. In Peru gebot der chronische Wassermangel dieser Kultur bald Einhalt, und in Ecuador kam der Reisanbau eigentlich nie über die Erzeugung des eigenen Bedarfs hinaus, obwohl dort durch das günstige Treibhausklima und die geeigneten Wasserverhältnisse noch große Möglichkeiten offen wären. Das Überfliegen der Reisfelder in Ecuador gehört zu den unvergeßlichen Reiseeindrücken dieses grünen, fruchtbaren Landes.
In Europa gehört Italien zu den wichtigsten Anbaugebieten. Hier ist es die Poebene mit ihrer Fruchtbarkeit und dem Wasserreichtum, welche dem Reis die besten Wachstumsbedingungen bietet. Sogar in Deutschland wurde während des 18. Jahrhunderts Reis in der Gegend von Bamberg angebaut. Da aber die Wasserbedingungen das Land mit Sumpf bedrohten, wurde diese Kultur wieder eingestellt.
Man erzählt sich, daß in den Jahren 1782 und 83 die Schiffe »Präsident von Bremen«, »Asia« und »Prinz Friedrich« die ersten Reisladungen von Asien und Indien nach Bremen gebracht haben. Als Nahrungsmittel,

welches nicht nur auf die Tafeln der Wohlhabenden, sondern auch auf die des einfachen Bürgers gehörte, lernte man in Europa den Reis erst im Laufe des 19. Jahrhunderts kennen. Bis zu den Jahren 1850 wurde in der Hauptsache der hervorragende Karolinareis eingeführt. Im Jahre 1837 gründeten die Gebrüder Nielsen in Bremen die Getreidemühle, später dann die Reismühle. 1873 wurden in Osterholz-Scharmbeck die Osterholzer Reiswerke eröffnet. Noch heute wird dort mit modernen Anlagen Reisstärke hergestellt. Und im Jahre 1878 wurde in Bremen die bekannte Rickmers Reismühle in Betrieb genommen. Diese Unternehmen haben sich so gut entwickelt, daß Deutschland in der zweiten Hälfte des 19. Jahrhunderts die führende Rolle im europäischen Reishandel spielte. Die Bedeutung ist vor allem nach dem zweiten Weltkrieg erheblich zurückgegangen. Während Burma einen jährlichen Reisbedarf pro Kopf von 163,7 kg feststellt und damit den größten Konsum in der ganzen Welt hat, liegt Deutschland mit seinen 2,5 kg pro Kopf und Jahr mit an letzter Stelle. Außerdem haben die Reisanbauländer, gezwungen durch zwei furchtbare Kriege, ihre Lehre daraus gezogen und selber Reismühlen gebaut, so daß der Export von bearbeitetem Reis so gut wie gar keine Rolle mehr für die deutschen Reismühlen spielt.

Reisanbau in der Welt

Sofern vier warme Monate mit dauernder Wärme von 29° C zu erreichen sind, kann überall in der Welt Reis angebaut werden. Wenn es aber keine wesentlichen Klimaverschiebungen geben sollte, dann wird es wohl so bleiben, daß die menschenreichen Länder – denn zum Reisanbau braucht man in der Hauptsache neben der Wärme, dem Wasser, die menschlichen Hände – Südasiens den weitaus größten Reisanbau behalten werden. Allein Bengalen und Burma liefern über drei Viertel des Reises, der auf dem Weltmarkt gehandelt wird. Wenn man auch von einigen Ländern nur die einigermaßen genauen Reisanbauflächen kennt, so schätzt man doch, daß auf der Erde etwa 1 Million qkm mit Reisanbaufläche bedeckt ist. Darauf werden etwa 200 Millionen Tonnen Reis im Jahr geerntet, wenn es sich um eine durchschnittliche Ernte handelt. Indien erntet im Jahr etwa 42 Millionen Tonnen, Pakistan 14 Millionen Tonnen und Japan 13 Millionen Tonnen. Diese gewaltigen Reismengen aus eigener Erzeugung reichen aber noch nicht aus, um die Völker damit ernähren zu können. Alle drei Länder müssen noch erheblich dazuimportieren.

Indonesien erntet ca. 11 Millionen Tonnen im Jahr, Siam 6 Millionen Tonnen und Indochina 6½ Millionen Tonnen, Burma 6,4 Millionen Tonnen, Brasilien 3,8 Millionen Tonnen, USA 2,2 Millionen Tonnen und Ägypten 1,5 Millionen Tonnen.

Bei diesen Zahlen sind das große China und die riesige Sowjetunion nicht berücksichtigt. Dort wird auch in

einigen Teilen des Landes, welche klimatisch dafür geeignet sind, Reis angebaut; doch weiß man kaum etwas über die Ausmaße und die Ernten. Wogegen von China bekannt sein dürfte, daß dort die größte Anbaufläche und daher auch die größte Ernte der Welt von Reis anfallen wird. Man rechnet mit ca. 70–80 Millionen Tonnen im Jahr. Eine genaue Statistik ist aber im Moment nicht aufzutreiben.
Interessant ist es noch, daß in Italien etwa 4 Millionen Tonnen Reis im Jahr im Durchschnitt geerntet werden. Der Anbau in Spanien, Portugal, Griechenland und Frankreich dagegen ist unbedeutend und spielt vor allem auf dem Weltmarkt keine allzu große Rolle.

Reissorten

Innerhalb dieser viertausendjährigen Reiskultur haben sich die unterschiedlichsten Reissorten gebildet, was sowohl mit den verschiedenen Klimata als auch mit den unterschiedlichen Bodenzusammensetzungen zu erklären ist. Wer sich mit diesen Spielarten näher befassen möchte, dem sei ein Besuch im Museum in Kalkutta empfohlen. Dort sind nicht weniger als 1104 verschiedene Varianten, die allein in Indien angebaut werden. Dazu kommen aber noch 300 weitere Sorten aus anderen Anbaugebieten. Sollten diesem Reissortenbeflissenen aber jene Mengen noch nicht ausreichen, dann mag er nach Ceylon reisen, denn dort werden ebenfalls über 161 Sorten kultiviert. Uns aber soll genügen, daß sie alle von der einen Reissorte abstammen, die man »Oryza sativa« nennt.

Wie alle Getreidearten, so ist auch der Reis eine sogenannte einjährige Pflanze. Sie bringt einen wenig kräftigen, hohlen Halm von ca. 1,2 m Höhe hervor. Die Reiskörner hängen in einer Rispe, und es werden davon 30–100 Körner in einer gezählt. Wir unterscheiden Berg- und Wasserreis. Dort, wo ziemlich gleichmäßig tropische Temperatur herrscht, sind sogar zwei Ernten im Jahr möglich. Während der Wasserreis viel Bodenfeuchtigkeit, aber nicht so viel Luftfeuchtigkeit braucht, vor allem aber viel Wärme benötigt, verträgt der Bergreis kühlere Temperatur. Er ist aber auch nicht so ertragreich wie der Wasserreis und kommt so gut wie nie auf den Weltmarkt. Meistens wird er in den Erzeugerländern selber verzehrt. Er gedeiht ausgezeichnet in Höhen von 1000 Metern bis zur 1600-Meter-Grenze. Er braucht im Gegensatz zum Wasserreis, der 5–6 Monate benötigt, nur 4 Monate bis zur Reife. Sicher würde der Bergreis auch unter 1000 m gedeihen, aber in diesen Regionen baut man lieber den ertragreicheren Wasserreis, was ja auch durchaus verständlich ist. Charakteristisch für den Wasserreisanbau ist die Verbindung mit der Fischzucht. Meistens sind es Karpfen, die die gute Eigenschaft haben, Insekten, Würmer und Schnecken zu vertilgen, die den jungen Reispflanzen schädlich sind. Wenn dann später die Reisfelder entwässert werden müssen, ziehen sich die Fische in die Abzugsgräben zurück, die durch die Reisfelder laufen.

In einem Saatbeet werden die jungen Reispflanzen zunächst 30–45 Tage gezogen. Dann erst setzt man diese Büschel auf die gut gedüngten und bewässerten

Felder in Abständen von 15 bis 20 cm. Sobald die Stecklinge festgewachsen sind, werden die Felder wieder bewässert. Färben sich die Reispflanzen gelblich, läßt man das Wasser ab, damit die Körner nun reif werden. Jetzt ist es höchste Zeit, die gierigen und immer hungrigen Reisvögel, aber auch andere Körnerliebhaber, von den Feldern fernzuhalten. Dafür gibt es die unglaublichsten Apparate, die als Vogelscheuchen aufgestellt werden.

In Ägypten und in Amerika wird bereits seit Jahren Reis vom Flugzeug aus gesät. Diese Länder können es sich nicht mehr erlauben, die uralte Methode des Reispflanzens mit der Hand durchzuführen. Es ist einfach eine Frage des arbeitenden Menschen. Auch in Asien wird es nur noch Jahre dauern, hier länger, dort kürzer, bis sich moderne Anbauformen durchgesetzt haben. Daß sich aber Umwandlungen schon abzeichnen, menschensparende Anbaumethoden einzuführen, wird von vielen Ländern berichtet.

Wenn der Reis dann reif geworden ist, werden die Fruchtrispen kurz abgeschnitten und zum Trocknen auf Gestelle gehängt. Was nicht sofort verkauft wird, lagert man in Scheunen. Von den Frauen wird der tägliche Bedarf dort geholt und in hölzernen Mörsern mit Holzkeulen gestampft, bis sich die Körner aus den Spelzen lösen. Mit den Händen nimmt man dann die leeren Ähren und das Stroh heraus. Die Körner kommen auf einen Korbteller, wo sich nun im Winde die Spreu von den Körnern trennt, während tüchtig geschüttelt werden muß. Um das feine Silberhäutchen zu entfernen, welches das Reiskorn noch eng umschließt, wird er nochmals gestampft, was ähnlich dem Dreschen bei uns mit dem Dreschflegel im Takt geschieht.

All diese Arbeiten werden in den einzelnen Ländern sehr verschieden ausgeführt. In manchen Gegenden schneidet man den Reis auch so, daß die Garbe in der halben Länge quer durchschnitten wird. Der untere Teil wird als Abschirmung und als Polster auf die feuchte Erde gelegt, darauf das Büschel mit den Reiskörnern. In Indien hat man aber auch schon heißluftbetriebene Riesensilos, in denen der Reis sofort, vom Felde kommend, getrocknet werden kann. Bei den Asiaten gilt der Reis als etwas Heiliges. Jedes Schwatzen und Lachen während dieser Arbeit ist verpönt und streng verboten. Zu uns nach Europa kommt der Reis meistens als sogenannter Halbrohreis. Er ist bereits geschält. Die Hülsen sind schon im Ursprungsland entfernt worden. Sie betragen immerhin rein gewichtsmäßig 20% von der Gesamtmenge. So werden nicht nur Schiffsraum sondern auch Beförderungskosten gespart. Mit den Hülsen vom Reis heizt man später Kessel und Öfen.

Unter Schälen versteht man also das Enthülsen des Reises.

In der Reismühle, die wir schon erwähnten, wird er nun poliert oder weißgeschlagen, wie der Fachmann es nennt. Dabei wird das Silberhäutchen entfernt.

Gewiß würde der rohe Reis, also nur geschält, den größeren Nährwert besitzen. Aber da sowohl die Silberhaut als auch der Keimling stark fetthaltig sind, verdirbt er leicht und wird ranzig durch die freiwerdende Fettsäure. Deshalb wird im Kleinhandel überwiegend polierter Reis verkauft, der sich überdies auch weißer kocht. Doch werden der vitaminbeflissenen Hausfrau in jedem Reformhaus oder größeren Spezialgeschäft unpolierte Sorten angeboten. Im Preis variieren sie wenig; die Kochzeit ist etwas länger. Es ist wohl richtig, daß mit dem Verlust des Keimlings und des Silberhäutchens ein Verlust des Vitamins B eintritt. Aber was macht diese kleine Menge schon aus, die wir mit unzähligen Beilagen ohne Mühe wieder zusetzen können.

Nach dem Polieren wird das Reiskorn häufig glasiert; dadurch werden die feinen Poren des Kornes völlig geschlossen. So ist es gefeit gegen schlechte Einflüsse von außen, vor allem Witterungseinflüsse und Ungeziefer. Neuerdings wird dem Reis auch diätetisch größeres Gewicht beigemessen. In den USA bekämpft man heute Kreislaufstörungen und Stoffwechselleiden mit einer Reis-Frucht-Gemüse-Diät.

Reissorten für die Küche

Niemand wird nun erwarten, daß wir den Ehrgeiz haben, die über 1000 Sorten Reis, die wir in dem Museum in Kalkutta kennengelernt haben, hier zu erläutern. Im Gegenteil, für uns ist allein wichtig, daß es zwei Reistypen gibt, den Rundkorntyp und den Langkorntyp. Die Rundkorntypen kommen in den meisten Fällen aus Italien, aber auch aus Spanien und Ägypten. Sie eignen sich vorzüglich zu süßen Reisgerichten, also Milchreis z. B., aber auch zu Risottogerichten. Wichtiger für die Küche ist der Langkornreis, weil er kochfester ist und beim Kochen am besten die Form behält. Mit ihm kann man den so geschätzten körnigen, trockenen, lockeren Reis zubereiten.

Bei uns ist der beste Reis der sogenannte Siam-Patna-Reis. Er hat ein schlankes, nadelförmiges Korn und sieht ausgesprochen schön und glasig (transparent) aus. Mit ihm gelingen so gut wie alle Reisgerichte, deren es ungezählte gibt.

Eine gute, damit auch teure Reisqualität hat große, lange und schöne Körner. Es lohnt sich in jedem Falle, immer den besten Reis zu kaufen, auch wenn er ein wenig teurer sein sollte; er wird es sowohl Ihrer Zunge als auch dem Auge lohnen. Außerdem wird das Risiko für das Gelingen der Reisgerichte so gut wie ausgeschaltet. Mit einer guten Reissorte kann eigentlich gar nichts schiefgehen, wenn man sich einigermaßen an die Kochvorschriften hält.

So gelingt es immer

Es gibt keine größere Sünde wider den Reis,
als ihn durch unsachgemäße Behandlung zu schänden.

Nichts ist einfacher und leichter als das richtige Kochen von Reis. Nichts ist aber auch so unklar bei vielen Hausfrauen wie dieses.
Reis als sympathische, leichtbekömmliche, sättigende Beilage muß körnig, locker, heiß und weiß sein. Nur keinen Pamps! Die Italiener sagen, Reis muß »al dente« gekocht sein, d. h. er muß einen Biß haben, was wir oben mit körnig bezeichneten. Dann wird er auch von den sonst in Küchenfragen sehr skeptischen Männern gerne gegessen. Die Beweise sind übrigens zur Genüge erbracht, daß in Häusern, in denen im Jahr höchstens einmal Reis auf den Tisch kam, der leider auch noch pappig war, später, wenn er richtig, also Korn für Korn und trocken aufgetragen wurde, mindestens in der Woche einmal gekocht werden mußte.
Haben Sie bitte keine Angst vor dem Reiskochen. Auch hier gilt das Sprichwort: »Übung macht den Meister!«
Auch Ihnen wird von nun an jedes Reisgericht wunderbar glücken, wenn Sie so nett sein wollen, die folgenden kleinen Tips zu beachten:

1. *Butterreis*

Dazu nehmen Sie bitte einen Langkornreis – Siam-Patna- oder Karolinareis. Diese Zubereitung habe ich selber von den Wasserchinesen in Hongkong gelernt.
500 g Langkornreis, poliert, 5 l Wasser, 2 Eßlöffel Salz.

Das Wasser wird mit dem Salz aufgekocht. Der Reis wird in einem Sieb unter fließendem Wasser (kalt) so lange gewaschen, bis das Wasser ganz klar und sauber vom Reis läuft. Dieser Reis wird in das kochende Wasser geschüttet. Mit einer zweizinkigen Bratengabel umrühren, damit sich auf dem Boden keine Klumpen bilden können. Ganz langsam soll jetzt der Reis kochen, so daß sich jedes Körnchen für sich entwickeln und in aller Ruhe mit Wasser vollsaugen kann. Das viele Wasser gibt dem Reis dazu die Möglichkeit. Im Grunde genommen ist es der gleiche Vorgang wie beim Kochen von Makkaroni oder Spaghetti. Sobald aber der Reis im kochenden Wasser verschwunden ist, stellt man sofort die Küchenuhr auf 20 Minuten ein. Wenn die Uhr dann klingelt, wird der Reis sofort durch ein bereitgestelltes Sieb oder einen Durchschlag gegossen. (Das Reiswasser kann aufgefangen werden, es enthält wertvolle Stärke, die sich von den Körnern abgekocht hat. Es kann zu Suppen oder Gemüsen verwendet werden.) Dann wird er kalt übersprudelt, damit sich die letzten Reste von Stärke wegspülen, bis er kalt ist. Schlohweiß und Korn für Korn wird nun der Reis, nachdem er 5 Minuten noch auf dem Sieb abtropfen konnte, tafelfertig gemacht, was wiederum auf verschiedene Weise erfolgen kann:

1. Auf ein Kuchenblech mit Rändern schütten, etwas salzen und in die heiße Röhre schieben, damit er wieder heiß und trocken wird (150° C 10 Min.). Bevor er angerichtet wird, können Butterflocken (50–100 g) darüber verteilt werden. Mit der bereits erwähnten Gabel wird die Butter untergezogen. Als

Gewürz kann auch ein wenig Muskat verwendet werden.

2. Der Reis wird auf dem Sieb gelassen. Es wird über einen Topf gehängt, welcher zu einem Viertel mit kochendem Wasser gefüllt ist. Der Dampf lockert und erhitzt den Reis. Vor dem Auftragen mit Salz und Muskat würzen und Butterflocken darüber verteilen.
3. In einer Stielpfanne Butter oder Margarine zerlaufen lassen, sie darf auf keinen Fall schwarz werden, weil so der Reis unansehnlich und unappetitlich wird. Den Reis hineinschütten und mit Salz und Muskat würzen. Schwenken, bis er heiß ist, dann auftragen.

Als Schmuck beleben den flockigen, lockeren Reis gehackte Petersilie und kleine Tomatenwürfel oder einige Stäubchen Rosenpaprika.

Soll dieser Reis aber nicht gleich gegessen werden, so heben Sie ihn ruhig in Ihrem Kühlschrank auf, wo er sich 8–10 Tage herrlich frisch hält. Dazu nehmen Sie eine Schüssel, legen auf ihren Boden einen umgedrehten kleinen Teller und schütten darauf den Reis. Der Teller bewirkt die Trennung des Reises von dem abtropfenden Wasser.

Wissen Sie schon genau, daß Sie den so zubereiteten Reis sofort essen wollen als Beilage zu Fleisch, Gemüse oder Fisch, dann können Sie in das kochende Wasser noch eine gespickte Zwiebel legen.

An eine große geschälte Zwiebel 1 Lorbeerblatt mit 2 Nelken anheften. So wird er geschmacklich noch würziger.

Haben Sie die Absicht, ihn mit Obst oder mit Zucker, also süß zu verspeisen, dann geben Sie doch bitte in das kochende Wasser ein Stückchen Zimt, eine Zitronen- oder Orangenschalenspirale oder eine Vanilleschote, die allerdings auch später durch Vanillinzucker ersetzt werden kann. Auf diese Weise bekommt der Reis schon ein feines südländisches Aroma, was zu süßen Gerichten in dieser Form besonders gut paßt.

Haben Sie schon bemerkt, daß wir allein mit dieser Zubereitungsart ungeahnte Möglichkeiten haben, unseren Reis sowohl als Beilage in den verschiedensten Formen zu servieren als auch zu Süßspeisen oder Nachtischen zu verzaubern?

Körnigen Reis, trocken und angenehm gewürzt, ißt man sich nie über. Im Gegenteil, jeder lernt ihn lieben und möchte ihn immer wieder auf dem Tisch begrüßen.

Noch einen kleinen Tip zum Anrichten: Den Reis in eine kleine, halbrunde Kelle drücken, die vorher in heißes Wasser getaucht wurde, dann locker auf den warmen Teller klopfen. Ebenso kann er in ausgebutterte Becherförmchen oder in eine Ringform gedrückt, kurz in den Ofen gestellt und gestürzt werden.

2. *Risotto*

Dieses Rezept stammt von unsern südlichen Nachbarn, den Italienern. Dazu wird am besten der italienische Rundkornreis genommen.

Soll ein Risotto gelingen, müssen wir in diesem Falle genau das Maß und das Gewicht beachten. Es gibt

Köche, die behaupten, zum Risotto darf der Reis nicht gewaschen werden, andere wieder schwören darauf, daß er gewaschen, auf einem Tuch trockengerieben und dann erst zubereitet wird.
Beide haben recht. Unser Rezept lautet so:

200 g Reis, ungewaschen, nur auf einem Tuch abgerieben, 3 Eßlöffel feine Zwiebelwürfel, 50 g Butter oder Olivenöl zum Ansetzen und 50 g Butter zum Daruntermischen, $^{1}/_{2}$ l Fleischbrühe, kochend, 50 g geriebener Parmesan, Schweizer oder Holländer Käse.

In einem Topf mit dickem Boden werden die Zwiebeln in dem Fett blond angedämpft. Der Reis kommt auf die Zwiebeln und wird mit ihnen so lange angeröstet, bis er glasig aussieht. Ab und zu mit einem Holzlöffel rühren. Jetzt erst wird nach und nach die kochende Fleischbrühe, die hell, also nicht zu dunkel sein soll und vorher abgeschmeckt wurde, mit Salz, Muskat und vielleicht ein wenig Suppenwürze, damit sich das ganze Aroma dieser kräftigen Fleischbrühe den Reiskörnern mitteile, auf den angerösteten Reis gegossen. Mit einer Gabel umrühren, damit sich keine Klumpen bilden, einmal aufkochen lassen, mit einem Deckel zudecken und in den heißen Ofen (200° C) schieben. Die Küchenuhr auf 25 Min. stellen. Danach den Reis mit einer Gabel auflockern, 50 g Butter und den geriebenen Käse darunter mischen. Risotto muß auch körnig sein. Er hat den Vorteil, daß er mit seiner Schmackhaftigkeit und seinen kräftigen Zutaten bereits ein fertiges Gericht präsentiert, das nur noch einen frischen Salat als Ergänzung haben möchte.

Er kann natürlich auch als Beilage zu Fisch, Fleisch und Gemüse gereicht werden. Sollte von ihm einmal etwas übrigbleiben, dann wird er einfach in einer Stielpfanne auf die Flamme gesetzt und heiß gemacht. Ab und zu mit unserer berühmten Gabel rühren.

Auch er ist in vielfältigster Weise abzuwandeln, was wir bald noch lesen werden.

Zum Aufgießen kann sowohl Fleisch-, Hühner- oder Fischbrühe genommen werden, jeweils abgestimmt auf das Gericht, welches er harmonisch begleiten soll.

Übrigens kann man Risotto auch so nett mit der Kelle anrichten wie den Butterreis.

Als Schmuck machen sich gehackte Petersilie und Tomatenwürfel ebenfalls sehr hübsch.

3. Pilaw

Dieses Rezept haben wir von den Türken übernommen, die es ihrerseits von den Persern gelernt haben sollen. Aus dem persischen Pälav ist in der Türkei Pilaw geworden, und bei uns gibt es zwei Schreibarten, Pil(l)aw und Pilaff.

Die Zubereitungsweise ist aber dem Risotto sehr ähnlich.

Dazu nehmen wir wieder unsern bewährten Langkornreis, Siam – Patna oder Karolina, der poliert und diesmal aber wirklich ungewaschen sein soll. 500 g Reis, 4 Eßlöffel Zwiebelwürfel, 50 g Butter, 2 l helle, kochende Fleischbrühe, bereits gewürzt wie beim Risotto, 100 g frische Butter.

Die Zwiebeln werden in einer Kasserolle mit dickem Boden in 50 g Butter hellblond angeschwitzt. Den Reis dazugeben, mit einem Holzlöffel rühren, bis er glasig ist. Die Fleischbrühe kochend nach und nach darauf gießen, mit einer Gabel umrühren, aufkochen, einen Deckel aufsetzen und in die heiße Röhre schieben, wo der Reis bei 200° C weiterkochen kann. Die Uhr auf 25 Min. einstellen. Sobald die Uhr schellt, den Deckel abnehmen, den Reis in einen anderen Topf schütten und mit der berühmten Gabel 50 g Butterflocken darunter mischen.

Pilaw hat den großen Vorteil, daß er als fertiges Gericht unbeschadet lange warm gehalten werden kann. Das soll aber nicht heißen, daß der Herr Gemahl nun, wenn es Pilaw zum Mittagessen gibt, zu spät zum Essen kommen darf.

Sollte von dem Pilaw ein Rest geblieben sein, dann können Sie ihn, wie schon den Risotto, in der Stielpfanne mit etwas Fett heiß machen.

Auch der Pilaw hat den großen Vorzug, daß man ihn wieder auf vielerlei Arten zubereiten kann. Wenn diese drei Grundzubereitungsarten geübt und gekonnt sind, so werden Sie Ihr Küchenrepertoire anregend erweitert haben und überdies viele kleine wertvolle Entdeckungen machen, die nicht nur Ihre Arbeitszeit in der Küche, sondern auch Ihren ewig zu sehr strapazierten Geldbeutel wesentlich entlasten.

Diese Grundrezepte sind mit den hier bei uns handelsüblichen Sorten, dem Langkorn- und dem Rundkornreis ausprobiert worden. Sie werden in Kürze über so

viel Reiserfahrung verfügen, daß Sie selber die Zubereitung in den sicheren Griff bekommen.
Auch Sie werden bald merken, daß Ihre Reisgerichte am besten gelingen, am sparsamsten sind und am raschesten fertig sein werden, wenn Sie sich an das erste Rezept, den »Butterreis«, halten.

Auf Reissuppen soll man nicht verzichten

Völlig zu Unrecht kam die Suppe in Verruf. Ob man sie nicht doch mit zu wenig Sorgfalt zubereitet? Oder reicht man sie nur in zu großen Portionen? Warum auch immer so einen mächtigen Teller voll? Nehmen wir doch kleine nette Täßchen. Ein Mokkatäßchen genügt schon völlig. Die geringe Menge steigert den Wert. Verzichten sollten wir nach Möglichkeit nie auf so einen kleinen, erwärmenden, belebenden, aromatischen, samtigen, milden Schluck Reissuppe.

1. Reiscremesuppe »Lilo«

50 g Butter, 100 g Reis, gewaschen, 2 Eßlöffel Mehl, 1 l Fleischbrühe, 1 Tasse Sahne, 2 Eigelb, Muskat.

In einem Topf die Butter schmelzen, den Reis darin andämpfen, er darf aber keine Farbe annehmen. Nach 5 Min. das Mehl dazugeben, gut verrühren. Jetzt die kochende Fleischbrühe auffüllen und mit einem kleinen Schneebesen alles glattrühren. An die Seite nehmen und langsam ca. 40 Min. weiterkochen lassen, bis der Reis zu zerfallen beginnt. Mit dem Schneebesen gut zerrühren. Inzwischen wird die Sahne mit dem Eigelb gemischt. Die Suppe sorgfältig mit Salz und Muskat würzen und die Eigelbsahne dazurühren. Nicht mehr aufkochen, weil sonst das Eigelb gerinnt. Wieder abschmecken und nach Belieben mit gerösteten Brotwürfeln reichen.

Kurz vor dem Auftragen einige Butterflöckchen auf die Suppe verteilen, einige Tomatenwürfel und feingehackte Petersilie. Auch eine Suppe muß ein nettes,

freundliches Gesicht haben. Für den Sonntag einen Schuß Weißwein nicht vergessen!
Sollte die Suppe ein wenig zu scharf geraten sein, dann bitte mit etwas Milch, heißer Milch, vermischen. Diese feine Suppe können Sie auch durch ein Sieb passieren, damit die weichen Reiskörner völlig aufgelöst werden und die Suppe noch homogener wird. Diese Art ist besonders gut für Kranke geeignet.

2. *Reiscremesuppe Windsor*

Hierzu werden die gleichen Zutaten genommen wie in Nr. 1. Die Reiskörner werden im Fett goldgelb geröstet und mit ihnen auch das Mehl, so daß die Suppe einen goldigen Schimmer bekommt. Als Würzung wird zum Schluß ein Schuß Rotwein hineingegeben.

3. *Reisrahmsuppe für den Eiligen*

1 l Fleischbrühe, 100 g gekochter, kalter Reis, s. S. 32, 3 Eßlöffel Gustin, kalt angerührt in 1 Tasse Milch, 2 Eigelb, 1 Tasse Sahne, Salz, Muskat, 1 Eßlöffel frische Butter, 1 Teelöffel gehackte Petersilie.

Die Fleischbrühe kochen, den Reis hineinschütten, das angerührte Gustin mit einem Schneebesen hineinrühren. 5 Min. langsam kochen lassen. Vom Feuer nehmen, Sahne und Eigelb hineinrühren, würzen und auftragen. Die Butter in Flocken darauf setzen und Petersilie darüber streuen.

Dazu noch einige Tips:

4. Selleriecreme

200 g geraspelte Sellerie in 50 g Butter andämpfen, dann 1 l Fleischbrühe auffüllen und ebenso wie in Nr. 3 verfahren.

5. Blumenkohlcreme

250 g Blumenkohlröschen in 50 g Butter andämpfen, dann auffüllen mit 1 l Fleischbrühe und ebenso verfahren wie in Nr. 3.

6. Ungarische Paprikasuppe

200 g grüne oder rote, frische Paprikaschoten, entkernt in dünne Streifen geschnitten, 50 g Butter, 1 l Fleischbrühe, 100 g gekochter kalter Reis, 3 Eßlöffel Gustin, kalt angerührt in 1 Tasse Milch, 1 Tasse Sahne, Muskat, 2 Eßlöffel geh. Petersilie.

In der Butter die Paprikastreifen 10 Min. langsam andämpfen. Die Fleischbrühe auffüllen. Wenn sie kocht, mit dem angerührten Gustin binden. Den Reis hineingeben, 5 Minuten ganz sacht kochen lassen, würzen, die Sahne dazurühren, Petersilie darauf streuen und auftragen.
Sollte die kräftige Suppe ein wenig zu pikant sein, dann kann der Geschmack mit heißer Milch ausgeglichen werden.

7. Tomatencremesuppe mit Käsecroutons

50 g Butter, 50 g magerer Speck, feingewürfelt, 4 Eßlöffel feine Zwiebelwürfel, 500 g abgezogene Tomaten. Also Tomaten in kochendes Wasser legen, einen Augenblick warten und sofort wieder herausnehmen, dann in kaltes Wasser. Die Tomaten dann in dicke Streifen schneiden, 1 l Fleischbrühe, 3 Eßlöffel Gustin, kalt angerührt in Milch, 100 g kalter Reis, 4 Eßlöffel Weißbrotwürfel, 50 g geriebener Käse, 1 Prise Salz, 1 Eßlöffel gehackte Petersilie.

In der Butter werden die Speck- und Zwiebelwürfel angedämpft. Nach 5 Minuten die Tomatenstreifen dazugeben. Nach weiteren 5 Minuten die kochende Fleischbrühe auffüllen, das angerührte Gustin hineinrühren, den Reis hinzugeben und 5 Minuten langsam kochen, gut durchrühren. Inzwischen die Weißbrotwürfel in Butter anrösten, den Käse darüber streuen, einmal schwenken, dann direkt auf die Suppe schütten. Petersilie darüber streuen, vorher wird die Suppe abgeschmeckt.

Wer sie noch veredeln möchte, der gibt 3 Eigelb mit 1 Tasse Sahne verrührt dazu, bevor die Käsecroutons darauf kommen. 1 Schuß Rot- oder Weißwein kann hier nichts verderben.

8. *Ägyptische Zwiebelsuppe*

250 g Zwiebeln, in Scheiben geschnitten, 100 g Olivenöl, 3 Eßlöffel Mehl, 1 l Fleischbrühe, 100 g gekochter Reis, s. S. 32, Salz, Muskat, Saft von einer halben Zitrone, 1 Tasse Sahne.

In heißem Öl die Zwiebeln beinahe bis zur Auflösung dämpfen, dann das Mehl dazurühren, 3 Minuten dämpfen und die kochende Fleischbrühe nach und nach auffüllen. 5 Minuten langsam kochen, den Reis hineingeben, einmal aufkochen, dann vom Feuer nehmen, die Sahne dazumischen und würzen.

9. *Indische Curryreissuppe*

100 g Palmin, 3 Eßlöffel Zwiebelwürfel, 2 kleine Äpfel, geschält, entkernt und in Streifen geschnitten, 2 Eßlöffel Kokosraspeln, 3 Eßlöffel Curryextrakt oder 4 Eßlöffel Currypulver, 4 Eßlöffel Mehl, 1 l Fleischbrühe, 100 g Reis, gekocht, 1 Tasse Sahne mit 2 Eigelb vermengt.

Im heißen Palmin die Zwiebeln, die Äpfel, die Kokosraspeln langsam andämpfen, ohne daß die Zutaten Farbe annehmen dürfen. Den Curry dazumischen, das Mehl hineinrühren und mit der kochenden Fleischbrühe auffüllen, 5 Minuten leicht kochen lassen. Den Reis hineingeben, einmal aufkochen lassen, dann die Suppe vom Feuer nehmen. Nun Sahne mit dem Eigelb hineinrühren. Abschmecken.
Feine Tomatenwürfel als Schmuck darauf streuen.

10. *Bananencremesuppe »Alstertor«*

50 g Butter, 2 Eßlöffel Zwiebelwürfel, 4 Bananen, 1 Stäubchen Safran, 1 l Fleischbrühe, 3 Eßlöffel Gustin, in 1 Tasse kalter Milch angerührt, 100 g Reis, gekocht, 1 Tasse Sahne, mit 2 Eigelb verrührt, Salz, Zitronensaft, 1 Schluck Weißwein.

In der Butter die Zwiebeln mit den Bananenscheiben andämpfen, Safran dazugeben, die Fleischbrühe auffüllen, sobald sie kocht, das Gustin hineinrühren. 5 Minuten langsam kochen, den Reis hinzuschütten, einmal aufkochen lassen, die Suppe vom Feuer nehmen, dann Sahne mit dem Eigelb hineinrühren, würzen und einige Tropfen Tomatenketchup darüber tupfen.

11. *Hühnercreme »Bahia«*

50 g Butter, 100 g gekochtes Hühnerfleisch, in feine Streifen geschnitten, 50 g Champignons in Scheiben, 1 l Hühnerbrühe, 3 Eßlöffel Gustin, angerührt in 1 Tasse Milch, 100 g gekochter Reis, 1 Teelöffel Zitronensaft, 3 Eßlöffel Weißwein, 2 Teelöffel gehackte Petersilie, 2 Eigelb, 1 Tasse Sahne.

In der Butter die Hühnerstreifen andämpfen, die Champignons dazu, 3 Minuten mitdämpfen, dann die Hühnerbrühe auffüllen. Sobald es kocht, mit dem Gustin dicken, 5 Minuten kochen, den Reis hinzu, einmal aufkochen lassen, vom Feuer nehmen. Würzen und mit der Eigelbsahne vermischen.
Vor dem Auftragen mit Tomatenecken und Petersilie schmücken.

12. *Kürbissuppe »Kambura«*

500 g Kürbis, geschält und kleingewürfelt, 50 g Butter, 3 Eßlöffel Zwiebelwürfel, 1 l Fleischbrühe, 1/2 l Milch, 4 Eßlöffel Gustin, in 1 Tasse Milch angerührt, Salz, Zitronensaft, 1 Schuß Weißwein, 100 g Reis, gekocht, 3 Ingwerpflaumen, in Streifen geschnitten, gehackte Petersilie.

In der heißen Butter die Zwiebelwürfel andämpfen, mit den Kürbiswürfeln zusammen 10 Minuten dämpfen lassen. Dann die Fleischbrühe und die Milch auffüllen. Langsam alles gut zerkochen lassen. Dicken mit dem angerührten Gustin. 5 Minuten sachte kochen, durch ein Sieb passieren, würzen, Reis und Ingwer dazugeben, aufkochen und mit gehackter Petersilie auftragen.

13. *Klare Fleischbrühe mit Reiseinlage*

Bitte kochen Sie nie den Reis in der Fleischbrühe. Sie wird immer trübe und verliert das appetitliche Aussehen. Kochen Sie den Reis so, wie in Nr. 1 (s. S. 42) angegeben ist.

Den kalten Reis einmal in der fertigen Fleischbrühe aufkochen lassen, und die Suppe ist ansehnlich und reizvoll.
In dieser Form ist sowohl Rindfleisch-, Hühner-, als auch Lammbrühe zu verwenden.
Als Einlagen können weiter grüne Erbsen, kleine Karotten, Spargelstückchen, Blumenkohlröschen und

kleingeschnittene grüne Bohnen verwendet werden. Außerdem können gekochte Fleischwürfel den Geschmack und die Nährkraft einer solchen Suppe sehr erhöhen.
Bei diesen Fleischbrühsuppen ist reichlich gehackte Petersilie unerläßlich.

Kaltschalen für heiße Tage

1. Mandolina mit Vanille

1 l Milch, 100 g Zucker, 100 g Reis, gewaschen, 2 Eßlöffel Vanillepuddingpulver, in 1 Tasse Milch kalt angerührt, 50 g gehackte süße Mandeln.

Die Milch kochen, den Zucker dazu, den Reis hineingeben und ganz langsam kochen lassen, bis die Reiskörner weich sind, ca. 20 Minuten. Das angerührte Puddingpulver hineinrühren, 5 Minuten sachte kochen, dann die Mandeln dazu und eine Prise Salz. Sollte die Suppe zu dick sein, kann sie mit Milch noch verdünnt werden. Kaltstellen und gut gekühlt auftragen.
Ein paar Suppenmakrönchen obenauf streuen. Die Suppe kann auch warm gegessen werden.

2. Schokoladenreissuppe

1 l Milch, 100 g Zucker, 2 Päckchen Vanillezucker, 1 Prise Salz, 100 g Reis, gewaschen, 3 Eßlöffel Kakao, 3 Eßlöffel Gustin, in kalter Milch angerührt, 50 g gehackte Haselnüsse.

Milch, Zucker, Vanille und Salz aufsetzen, wenn es kocht, den Reis dazu. Nach 20 Minuten den Kakao und das angerührte Gustin hineinrühren. 5 Minuten langsam kochen, dann die Haselnüsse hineingeben. Die Suppe kalt oder warm essen.

3. Pfirsich-Kaltschale, auf kaltem Wege

500 g Pfirsiche, geschält und püriert, 150 g gekochter Reis, $^1/_2$ l Apfelsaft, 100 g Zucker, Saft einer halben Zitrone, 1 Tasse Weißwein.

Alles gut mischen, Zucker nach Geschmack zugeben, 1 Tasse Weißwein kurz vor dem Auftragen hineinrühren. Gut kühlen.
In der gleichen Weise sind so gut wie alle Früchte zu verwenden. Bei Obst aus der Dose kann jeweils der Zuckersaft mitgenommen werden.

Tip für Kaltschalen:

Kaltschalen dürfen erst in den Kühlschrank gestellt werden, wenn sie ausgekühlt sind.

Delikate Vorspeisen und Zwischengerichte

Delikate Vorspeisen sind die Ouvertüren für eine abgerundete Mahlzeit. Sie dürfen allerdings nur sehr klein und leicht sein. Wir möchten noch kurz erwähnen, daß die kalte Vorspeise stets vor der Suppe aufgetragen wird, sofern nicht die Suppe überhaupt zugunsten der Vorspeise diesmal weggelassen werden soll. Warme Speisen nach der Suppe und vor dem Hauptgericht nennt man »Zwischengerichte«. Immer möchten sie reizvoll und bunt angerichtet werden, damit sie nicht nur den Gaumen, sondern auch das Auge erfreuen.
Kalte Vorspeisen sollten gut gekühlt serviert werden, weil sie nur so ihren ganzen erfrischenden Charme entfalten können.
Wenn hier in den Rezepten von Reis die Rede ist, dann nehmen Sie doch bitte den kalten, gekochten, körnigen Butterreis (s. S. 32).

Kalte Vorspeisen

1. Bunter Reis »Merano«

4 Eßlöffel Reis, 2 Eßlöffel Senffrüchte, fein gehackt, 1 Eßlöffel Senfzucker, der dem Glas der Senffrüchte entnommen wird, 1 Teelöffel Sherry, 1 Prise Salz.

Alles vorsichtig mischen, auf grünen Salatblättern anrichten, mit einer roten Senfkirsche krönen.

2. Valenzia

4 Eßlöffel Reis, 2 Blutorangen, geschält, entkernt und in dünne Scheiben geschnitten, Saft von einer halben Zitrone, 1 Prise Zucker, Tomatenstreifen.

Alles gut mischen. Auf Salatblättern anrichten, die in breiten Likörschalen liegen. Schmücken mit dünnen Tomatenstreifen.

Dazu noch eine Anregung:

Dieser gut gekühlte Salat kann auch in halbe Tomaten oder Orangenschalen gefüllt werden.
Übrigens lassen sich auf diese rasche Art auch Aprikosen, Pfirsiche, Erdbeeren oder Himbeeren mit verarbeiten.

3. Frühlingscocktail mit Spargel

4 Eßlöffel Reis, 4 Stangen gekochten kalten Spargel, der Kopf wird mit 5 cm Länge abgeschnitten, das übrige in Stücke von 2 cm geschnitten, 1 Eßlöffel Streifen von gekochtem Schinken, 2 Eßlöffel Mayonnaise, 1 Teelöffel Tomatenketchup, gehackte Petersilie, 1 Prise Salz.

Der Reis wird mit den kleinen Spargelstücken und dem Schinken sowie der Mayonnaise gemischt, auf Salatblättern angerichtet. Auf jede Portion wird nun 1 Spargelkopf gelegt, der auf beiden Enden mit Tomatenketchup geschmückt wird. Darüber feingehackte Petersilie streuen.

4. Eiersalat »Doria«

2 hartgekochte kalte Eier, in Scheiben geschnitten, 10 Eßlöffel Reis, 2 Eßlöffel Streifen von Senfgurken, 1 Teelöffel gehackter Dill, 2 Eßlöffel Sahne, 1 Prise Salz.

Alles gut mischen, auf Salatblätter anrichten und mit kleinen Tomatenwürfeln schmücken.

5. Gefüllte Eier »Java«

4 hartgekochte kalte Eier, 4 Eßlöffel Reissalat (s. S. 131), 1 Teelöffel feine Würfel von rohen grünen Paprikaschoten, 1 Teelöffel Tomatenketchup.

Die Eier werden längs halbiert. Aus diesen Eihälften wird das Gelbe herausgedrückt und mit den Paprikawürfeln sowie dem Tomatenketchup durchgemischt. In das ausgehöhlte Eiweiß wird die pikante Mischung gefüllt. Diese gefüllten Eier setzt man auf den Reissalat und garniert mit grünem Salat und Tomaten.

6. Ungarische Reishäppchen

2 mittlere grüne rohe Paprikaschoten, entkernt, in feine Streifen geschnitten, 4 Eßlöffel Reis, 1 Eßlöffel kalte angedämpfte Zwiebelwürfel, 1 Teelöffel gehackte Petersilie, 1 Prise ungarischer Rosenpaprika, 1 Eßlöffel feine, rohe Schinkenstreifen, 2 Eßlöffel Sahne, 1 Prise Salz, Saft von einer halben Zitrone, Tomatenscheiben, Petersilie.

Alle Zutaten gut mischen, auf dicke Tomatenscheiben setzen, die auf grünen Salatblättern liegen. Überstreuen mit gehackter Petersilie und etwas Rosenpaprika.

7. Lissabonner Kügelchen

3 Ölsardinen, 4 Eßlöffel Reis, 1 Eßlöffel feine Zwiebelwürfel, Saft einer halben Zitrone, 1 Prise Salz, 1 Schuß alter Portwein, Tomatenwürfel.

Alles gut miteinander mischen, die Ölsardinen vorher mit einer Gabel zerdrücken. Diese pikante Masse in einer kleinen Kelle zu Kugeln formen, auf Salatblätter setzen und mit 1 Tomatenwürfel krönen.

8. Gefüllte Lachsröllchen

4 Eßlöffel Reis, 2 Eßlöffel geriebener Meerrettich, 1 Prise Salz, 1 Teelöffel Zitronensaft, 2 Eßlöffel geschlagene, aber ungesüßte Sahne, 4 Scheiben Lachs und Kapern.

Alle Zutaten mit dem Reis gut mischen; sie werden in die Lachsscheiben gerollt und auf Salatblättern angerichtet. Kapern darüberstreuen.

9. Gruß aus Formosa

2 Eßlöffel Streifen von gekochtem, kaltem Hühnerfleisch, 1 Eßlöffel Mango-Chutney, 4 Eßlöffel Reis, Saft einer halben Orange, 1 Prise Salz.

Sämtliche Zutaten gut mischen, in Muschelschalen anrichten, mit einem Sträußchen krauser Petersilie schmücken.

10. *Ingwerbissen*

1 geschälte Banane, der Saft einer Mandarine, 4 Eßlöffel Reis, 4 Ingwerpflaumen, in dünne Streifen geschnitten, 1 Prise Salz, 4 halbe gedünstete Pfirsiche.

Die Banane mit einer Gabel zerdrücken, den Saft der Mandarine daruntermischen und schließlich die anderen Zutaten. Diese Mischung wird auf halben Pfirsichen, die auf Salatblättern liegen, angerichtet.

Warme Vorspeisen und Zwischengerichte

1. *Zwiebelragout »Gutala«*

4 Eßlöffel Zwiebelwürfel, 1 Eßlöffel magere Speckwürfel, 1 Teelöffel gehackte Petersilie, 30 g Butter, 4 Eßlöffel Reis, Salz, Muskat, 1 Eßlöffel Sahne, Tomatenstreifen.

In der Butter die Zwiebeln mit dem Speck schmelzen lassen, die Petersilie dazugeben, dann den Reis untermischen. Gut erhitzen, die Sahne dazugeben und die Gewürze. In kleinen, angewärmten Schälchen auftragen. Obenauf einen Tomatenstreifen legen.
Oder: Dieses Ragout in halbierte Tomaten füllen, mit geriebenem Käse überstreuen und bei Oberhitze rasch krustig überbacken!

2. *Geflügelleber »Kommodore«*

Zu den Zutaten wie beim Zwiebelragout »Gutala« kommen 2 Hühnerlebern in Würfeln, die mit den Zwiebeln und dem Speck angedämpft werden. Die weitere Behandlung wie oben.

3. *Kalbsnierchen geröstet auf Reissockel*

1 Kalbsniere, in nicht zu dicke Scheiben geschnitten, 2 Eßlöffel Reis, 30 g Butter, 1 Eßlöffel Tomatenmark, Muskat, 1 Prise gestoßener Ingwer, Weinbrand.

Die Nierenscheiben werden ungesalzen scharf in heißem Fett beiderseitig angebraten (3 Minuten Bratdauer). Inzwischen den Reis in Butter heiß machen, mit dem Tomatenmark vermischen, mit Muskat und Ingwer würzen. Den Reis auf kleine warme Teller in winzigen Halbkugeln anrichten, darauf die Nierenscheiben legen. Einen Schuß Weinbrand darüber. Salatblätter und Tomatenscheiben als Garnitur.

4. *Champignonreis, auf Toast überbacken*

4 Eßlöffel Champignons, fein geschnitten, 30 g Butter, 3 Eßlöffel Sahne, 1 Teelöffel Gustin, kalt angerührt mit 1 Eßlöffel Milch, Saft von einer halben Zitrone, Salz, 3 Eßlöffel Reis, 4 kleine Scheiben Toast, 4 dünne Scheiben Schweizer Käse, 1 Teelöffel gehackte Petersilie.

Die Champignons in Butter andämpfen, die Sahne darüber gießen, aufkochen, rasch mit dem angerührten Gustin binden, würzen mit Salz, Zitronensaft. Nun den Reis dazugeben, aufkochen und auf die gebutterten Toastscheiben verteilen. Auf jede eine Scheibe Schweizer Käse legen. Langsam überbacken. Petersilie darüber.

5. Berner Spargelreis

5 Eßlöffel Reis, 5 Stangen gekochter Spargel, in 2 cm Stücke geschnitten, 3 Eßlöffel Béarnaise (s. S. 81), 30 g Butter.

In einer Kasserolle auf kleiner Flamme die Butter zerlaufen lassen, darin den Reis mit dem Spargel heiß machen, würzen, alles mit der warmen Béarnaise binden. In kleine Muscheln füllen und auftragen.

Dazu noch eine Anregung:

Diese reizvolle Kleinigkeit kann auch in heiße Blätterteigpasteten gefüllt werden.

6. Risi-Pisi mit Schinken

30 g Butter, 2 Eßlöffel gekochten Schinken in Streifen, 1 Teelöffel gehackte Petersilie, 5 Eßlöffel Reis, 3 Eßlöffel feinste gekochte Erbsen, 1 Prise Salz, 1 Stäubchen Zucker, 1 Prise Muskat, Tomatenwürfel.

In der Butter den Schinken und die Petersilie andämpfen, darauf den Reis und die Erbsen geben. Würzen, einmal aufkochen lassen, dann in kleinen warmen Schälchen auftragen. Tomatenwürfel als Krönung.

7. Krebsschwanzpudding

4 Eßlöffel Reis, 20 Krebsschwänze, 30 g Butter, 4 Eier, die gleiche Menge Milch abmessen, 1 Prise Salz, 1 Teelöffel gehackter Dill, 1 Stäubchen Muskat.

Die Krebsschwänze mit dem Reis in Butter andämpfen, mit Dill und Salz ein wenig würzen, auskühlen lassen. Inzwischen die aufgeschlagenen Eier mit Milch mischen, Gewürze dazu, dann den Reis mit den Krebsschwänzen darunter mischen. Diese Masse in kleine ausgebutterte Förmchen füllen. Sie werden nun in heißes Wasser gestellt und im mittelheißen Ofen sachte erhitzt. Das Wasser darf nicht stark kochen. Dauer etwa 15 Minuten. Bitte Nadelprobe. Sobald dieser Pudding in der Mitte fest ist, kann er gestürzt und serviert werden. Salatblatt und Tomatenscheibe als Garnitur.

Dazu noch einen weiteren Hinweis: Zu diesem netten Zwischengericht können Sie auch Krabben oder kleine gewürfelte Scampi anstelle von Krebsschwänzen nehmen.

8. Spanischer Olivenreis

5 Eßlöffel Reis, 10 gefüllte Oliven, in Scheiben geschnitten, 1 Teelöffel gehackte Petersilie, $^{1}/_{2}$ Teelöffel Curry, 1 Eßlöffel Olivenöl, 1 Prise Salz, Saft von $^{1}/_{4}$ Zitrone.

Den Reis mit den Oliven im heißen Öl andämpfen, die Petersilie und das Gewürz dazu, kurz durchdämpfen, in kleinen Muscheln anrichten.

Zum Reis schmecken diese Fleischgerichte am besten

Wir kennen ganz bestimmte Fleischgerichte mit traditionellen Beilagen. Beispielsweise Sauerbraten mit Klößen, Gänsebraten mit Rotkraut, gebratene Leber mit Kartoffelbrei und auch Kalbsfrikassee mit Butterreis. Nichts ist dagegen zu sagen.

Dennoch sollten wir einmal probieren, ob schweres Fleisch, d. h. schwer zu verdauendes, nicht doch, ergänzt durch eine dazu passende Reisbeilage, wesentlich bekömmlicher, aber ebenso schmackhaft gestaltet werden könnte. Es kommt auch hier auf den Versuch an.

Jeder weiß, daß sowohl Enten-, wie Gänse-, aber auch der klassische Schweinebraten für den Magen eine harte Arbeit bedeuten. Wenn wir sie aber mit dem luftigen, körnigen, speziell gewürzten Reis servieren, dann wird sich der Gaumen sehr darüber freuen und unser Magen sich nicht beschweren.

Darüber hinaus schlagen wir hier ein paar originelle Fleischgerichte vor, die eigentlich nur mit Reis so gut schmecken. Das sind:

1. Entenragout »Penang«

1 Ente, Currysoße (s. S. 79) mit Mango-Chutney, 500 g Safranreis (s. S. 84), 100 g Butter.

Die Ente wird in Fleischbrühe 20 Minuten gekocht. Danach das Fleisch in Stücke von 4 cm im Quadrat geschnitten. Diese Stücke werden in der Butter angebraten, dann mit der heißen Chutneysauce aufgefüllt. 30 Minuten langsam durchkochen. Wenn das Fleisch weich ist, mit dem heißen Safranreis auftragen.

2. Kalbsfilet in Mandeln, mit Ingwerreis

2 fingerdicke Scheiben Kalbslende, Salz und Muskat, 1 Ei, aufgeschlagen, 50 g gehobelte ungeschälte Mandeln, 100 g Butter, 2 Tassen Curryreis, 1 Teelöffel Ingwerpflaumenstreifen.

Das Fleisch wird leicht gesalzen und mit wenig Muskat bestäubt. Dann in Ei gewendet und mit den Mandeln paniert. Mit dem flachen Messer festklopfen und in Butter langsam braten. Je Seite 3 Minuten. Inzwischen in Butter den Curryreis Nr. 3 (s. S. 85) heiß machen und die Ingwerstreifen darunter mischen. Das Fleisch auf dem Reis anrichten.
Ein Obstsalat würde sehr gut dazu schmecken.

3. Bitoks Moskwa

Je 250 g feingehacktes Schweinefleisch und Kalbfleisch, 1 Ei, 4 Eßlöffel feingeschnittene Zwiebelwürfel, 1 Teelöffel gehackte Petersilie, beide in wenig Butter angedämpft, 3 Eßlöffel Sahne, Salz u. Muskat, Butter zum Braten, 500 g Butterreis (s. S. 32).
Zutaten zur Sauce: 200 g blättrig geschnittene Steinpilze, 3 Eßlöffel Zwiebelwürfel, 1 Eßlöffel magere Speckwürfel, 2 Tassen Sahne, 1 Eßlöffel Gustin, in 1 Tasse Milch angerührt, Zitronensaft, 1 Schuß Weißwein, 1 Teelöffel gehackte Petersilie.

Das Fleisch wird mit dem Ei, den Zwiebelwürfeln und den Gewürzen durchgeknetet. Daraus werden kleine Kugeln, die dann flach gedrückt werden, von ca. 50 g abgerollt. Sie werden beiderseitig ca. 10 Minuten in Butter gebraten. Sauce: In der Butter werden die Speck- und Zwiebelwürfel angedämpft, die Steinpilze kommen darauf, mitdämpfen, die Sahne dazu, aufkochen, dann mit dem Gustin dicken. Würzen mit Weißwein und Zitrone sowie Petersilie. In diese Sauce kommen die Bitoks, einmal aufkochen. Auf dem heißen Butterreis werden die Bitoks angerichtet und mit der Steinpilzsauce übergossen.

4. Pandurenkotelett mit Paprikareis

1 Schweinskotelett, 200 g, 1 Prise Cayennepfeffer, 50 g Butter, 3 Eßlöffel Zwiebelscheiben, 2 abgezogene Tomaten in Streifen, 2 Eßlöffel rote Paprikaschoten, 3 Eßlöffel Sahne, 2 Tassen Paprikareis (s. S. 85).

Das Kotelett wird gewürzt und normal gebraten. In der heißen Butter werden die Zwiebeln, die Tomaten und die Paprikastreifen angedämpft, nach 5 Minuten mit der Sahne aufgefüllt. In diese Sauce wird das Kotelett gelegt, und hier zieht es bei ruhigem Kochen 10 Minuten durch. Der heiße Paprikareis wird auf dem Teller angerichtet und das Kotelett darauf gelegt. Mit der Sauce überdecken.

Abbildungen: 1. Tomatencremesuppe (S. 45)
2. Polnisches Zwiebelgemüse (S. 184)
3. Kalbsfrikassee (S. 70/71) mit gestürztem Becherform-Reis, m. Rosenpaprika bestreut
4. Reissalat mit Schinken (s. Salate 131/136)

5. *Würzige Reiskrusteln*

1 l Fleischbrühe, 300 g Rundkornreis, 250 g gekochtes Kalbfleisch in Würfeln, 50 g Butter, 3 Eier, 3 Eßlöffel Zwiebelwürfel, Salz und Muskat, 1 Eßlöffel gehackte Petersilie, 2 aufgeschlagene Eier, Panierbrösel, Fett zum Braten.

Der Reis wird in der Fleischbrühe weichgekocht, bis er dick wird. Dauer etwa 30 Minuten. Inzwischen werden in der Butter die Zwiebelwürfel mit dem Kalbfleisch und der Petersilie angedämpft. Dieses wird unter den Reis gemischt. Wenn der Reis ein wenig abgekühlt ist, werden die 3 Eier darunter gerührt, und die ganze Masse wird nochmals abgeschmeckt. Dann auf ein Blech gebreitet, glattgestrichen, sobald die Masse kalt ist. Deshalb ist es gut, wenn dieser Reis am Abend vorher gekocht wird, damit er am anderen Mittag fertig zum Verarbeiten ist. Aus dieser Masse werden kleine Rechtecke von 3 cm Breite und 5 cm Länge geschnitten. Das Messer dabei in kaltes Wasser tauchen. Die Stücke in Ei wenden, dann in Semmelbröseln panieren. Mit einem Messer sorgfältig formen und die Semmelbrösel festklopfen. In heißem Fett schwimmend goldgelb backen.
Tomatensauce und Salate sind die richtigen Beilagen.
Abwechslungen sind: Anstelle von Kalbfleisch: gekochter Schinken, Wild- oder Geflügelfleisch, aber auch Pilze und Gemüse, die trocken sein müssen, sonst hält der Reis beim Backen nicht genügend zusammen.

6. *Rinderlende »Elma Karlowa«*

Pro Person 1 Filetsteak à 200 g, ganz dünn geklopft, eingerieben mit Knoblauch, wenig gesalzen, 50 g Butter, 2 Tassen Paprikareis (s. S. 85).

Das Fleisch wird in die glühendheiße Pfanne fast ohne Fett gelegt und rasch beiderseitig angeröstet. Je Seite 2 Minuten. Jetzt die Butter dazu. Das Fleisch wird auf dem heißen Paprikareis angerichtet und die braune Butter darüber gegeben.

7. *Hühnerfrikassee*

1 gekochtes Huhn, 1/2 l weiße Sauce (s. S. 77), die mit Hühnerbrühe aufgefüllt wurde, 1 Tasse Sahne, 2 Eigelb, 1 Schuß Weißwein, Saft einer halben Zitrone, 100 g Butter.

Das Hühnerfleisch in mundgerechte Stücke schneiden und in der Butter andämpfen. Die heiße Sauce wird darüber gegossen; einmal aufkochen. Jetzt mit Eigelb und Sahne legieren und fertig würzen. Es können hierzu Champignons oder Spargelstücke sowie Blumenkohlröschen gegeben werden.
Als Beilage trockner Butterreis (s. S. 32).
Wer die Sauce noch feiner machen will, der läßt die Eier mit der Sahne weg und unterzieht 4 Eßlöffel Hollandaise. Das ist die beste Legierung, die ich Ihnen raten kann (Hollandaise s. S. 80).

8. Kalbsfrikassee

1/2 Pfund Kalbfleisch, gekocht, 500 g Butterreis.

Die Zubereitung ist genauso wie beim Hühnerfrikassee.

9. Mailänder Kalbskotelett

1 Kalbskotelett, 200 g, Salz, Muskat, 1 aufgeschlagenes Ei, 50 g Panierbrot, 50 g geriebener Käse, beides gemischt, 50 g Butter, 2 Tassen Safranreis (s. S. 84).

Das Kotelett wird paniert in dem Käsepanierbrot, dann 15 Minuten in Butter gebraten. Auf heißem Safranreis anrichten.

Als Abwechslung können unter den Reis Champignons oder Zungenstreifen gemischt werden. Auch Erbsen machen sich sehr fein.

10. Kalbskotelett mit Champignons, überbacken

1 Kalbskotelett, Salz, Muskat, 50 g Butter, 2 Tassen Champignonreis (s. S. 90), der mit Hollandaise (s. S. 80) gemischt wurde, 50 g geriebener Käse.

Das Kotelett wird, nachdem es mit Salz und Muskat gewürzt wurde, in der Butter beidseitig angebraten, auf eine feuerfeste Platte gelegt. Den Champignonreis darüber häufen. Bestreuen mit geriebenem Käse und ca. 15 Minuten überbacken. Grüne Salate mit Tomatenscheiben dazu!

11. *Lamm-Curry*

500 g Lammfleisch aus dem Nacken oder dem Bug, in kleine Würfel geschnitten, gewürzt mit Salz und Curry, 50 g Fett, 2 l Currysauce (s. S. 79).

Das Fleisch wird in dem heißen Fett angedämpft. Nach 30 Minuten wird es überdeckt mit der Currysauce, in der kocht es langsam noch 20 Minuten. Trockner Butterreis als Beilage, auch als Reisrand angerichtet; in die Mitte das Lammcurry gefüllt.

Weitere Curry-Gerichte:

In der gleichen Form ist Huhn in Curry (gekochtes Huhn in der Currysauce heiß gemacht), Kalbfleisch- oder Rindercurry zuzubereiten. Als Beilage immer den trocknen Reis und Mango-Chutney oder Senffrüchte. Auch Leber oder Nieren sind in der Currysauce herzhafte, willkommene Mahlzeiten.

12. *Kalbsherz, gespickt, in Sahne*

1 Kalbsherz für 2 Personen, in Scheiben geschnitten, mit Speckstreifen gespickt, 3 Eßlöffel Zwiebeln, 2 Eßlöffel Würfel von durchwachsenem Speck, 50 g Butter, 3 Teelöffel Tomatenmark, 1/2 l weiße Sauce (s. S. 77).

In der heißen Butter werden Speck- und Zwiebelwürfel mit dem Kalbsherz gedämpft. Nach 10 Minuten die weiße Sauce mit dem Tomatenmark und nach Belieben einen Schuß Weißwein dazugeben. 25 Minuten kochen lassen. Sobald das Herz weich ist, entweder in der Mitte eines heißen Reisrandes oder den trocknen Butterreis getrennt anrichten. Das Herz schmeckt auch in Currysauce (s. S. 79) sehr gut.

13. *Schaschlik mit Rosinenreis*

Auf Spießchen werden kleine Scheiben von Lamm-, Schweins- und Kalbslendchen, Nieren, Tomatenscheiben und Zwiebelscheiben abwechselnd gesteckt, wenig gesalzen. In heißem Öl rasch und scharf gebraten. Inzwischen wird der Rosinenreis (s. S. 88) erhitzt. Die Spießchen werden auf dem heißen Reis angerichtet.
Dauer ca. 15 Minuten.
Ebenso sind Kalbs-, Lamm- oder Schweinenieren auf dem Spießchen zu braten. Ein trockener Curry-, Paprika- oder Safranreis paßt immer dazu.

14. *Filetstreifen im Champignonreisrand*

400 g Rinder-, Kalbs- oder Schweinelende, 4 Eßlöffel Zwiebelwürfel, 1/2 l Choron (s. S. 81), 100 g Butter, Reisrand aus 500 g Champignonreis.

Die feinen Lendenstreifen werden mit den Zwiebeln in heißer Butter rasch angebraten, 5 Minuten. Über das Fleisch wird die warme Choron gegossen. Diese herrliche Mischung wird in die Mitte des Reisrandes gefüllt.

15. *Reishaschee, überkrustet*

500 g trockener Reis (s. S. 32), 250 g Schweinefleisch, durch die feine Scheibe vom Wolf gedreht, 4 Eßlöffel Zwiebelwürfel, 100 g Butter, 1 Prise Paprika, 1 Prise Origano.

In der heißen Butter werden die Zwiebelwürfel mit dem Fleisch angebraten. Dazu nach 5 Minuten den Reis, gut umrühren und würzen. 10 Minuten gemeinsam durchdämpfen lassen. In einer feuerfesten Schüssel anrichten, mit geriebenem Käse überstreuen, im heißen Ofen überbacken.
Dauer 20 Minuten. Beilage: Grüne Salate.

16. *Käseschnitzel mit Reis*

500 g trockener Reis (s. S. 32, in Becherform gestürzt, mit Petersilie bestreut), 4 Schweineschnitzel à 125 g, 2 Eier, 50 g Semmelmehl, 4 Scheiben Schnittkäse à 50 g, 100 g Fett zum Braten, $^1/_2$ Blumenkohl, 2 Tomaten, Pfeffer, Salz, Petersilie.

Schnitzel mit Salz und Pfeffer bestreuen, durch verquirltes Ei ziehen und in Semmelmehl wenden. Schnitzel rasch von beiden Seiten braten, dann jedes Schnitzel mit Käsescheibe belegen und im Grill überkrusten. Falls kein solcher vorhanden, schiebe man die Schnitzel kurz in den heißen Backofen. Als Beilage gekochte Blumenkohlröschen und Tomaten servieren.

Reis braucht gute Saucen

Reis, besonders dann, wenn er ohne irgendwelche harmonischen Beilagen gereicht wird, schreit förmlich nach einer Sauce. Sie muß aber einige besondere Eigenschaften erfüllen: ein wenig fett, aromatisch gewürzt, und wenn es angebracht ist, sämig gebunden und samtig legiert sein. Aus diesem Grunde haben wir hier einige besonders geeignete Reissaucen herausgesucht und aufgeschrieben.

1. *Tomatensauce »Merano«*

150 g magerer geräucherter Speck, gewürfelt, 4 Eßlöffel Zwiebelwürfel, 50 g Butter, 1 Möhre, 1 Stange Lauch, 1 Prise Thymian, 1 Prise Basilikum, 1 Prise Origano, 2 Zehen Knoblauch, 1 kleine Sellerieknolle, alles klein geschnitten, 5 Eßlöffel Mehl, 500 g frische Tomaten, geschnitten, oder 5 Eßlöffel Tomatenmark, 1 Prise Zucker, 2 l kräftige Fleischbrühe, 1 Prise Paprika.

In der Butter werden die Zwiebeln und der Speck angeröstet. Ein wenig später das Gemüse und die Gewürze. Nach 10 Minuten werden die Tomaten oder das Mark beigemischt.
Dann wird das Mehl darüber gestäubt, gut durchrühren. 5 Minuten ziehen lassen, nun aber die kochende Fleischbrühe einrühren. 1 Stunde langsam kochen lassen, dann durch ein Sieb passieren. Die Sauce kann auch in der heißen Röhre zugedeckt langsam kochen. Für sonntags kann ein kräftiger Schuß Sahne die Sauce verbessern!

2. *Fürstliche Tomatensauce*

Unter die Zutaten werden noch 200 g grob gehacktes Schweinefleisch gemischt. Es wird mit den Zwiebeln und dem Speck 10 Minuten angebraten. Die weitere Behandlung wie in Nr. 1 beschrieben.

3. *Die rasche Tomatensauce*

1 l weiße Sauce (s. Nr. 4), 4 Eßlöffel Tomatenmark.

Unter die heiße, weiße Sauce wird das Tomatenmark verrührt. Einmal aufkochen und würzen.

4. *Weiße Sauce und Dillsauce*

100 g Butter, 1 Tasse Mehl, 1 l kräftige Fleischbrühe (Hühner- oder Champignonbrühe), Salz, Muskat, Zitronensaft, ein Schuß Weißwein.

In der heißen Butter wird das Mehl verrührt, dann mit einem Schneebesen die kochende Fleischbrühe aufgefüllt. 30 Minuten langsam kochen. Durch ein Sieb passieren und abschmecken. Dann die Gewürze hinzufügen.
Diese Sauce kann mit Milch oder Sahne verbessert werden. Noch feiner wird sie, wenn 1 Tasse Sahne mit 2 Eigelb verrührt unter die Sauce geschlagen wird. Nicht mehr aufkochen!
Soll es sehr schnell gehen, dann kommt folgendes Rezept in Frage:

1/2 l Milch, 1/2 l Fleischbrühe aufkochen und mit 4 Eßlöffel Gustin, die in 1 Tasse Milch glatt gerührt werden, dicken.
Würzen mit Suppenwürze, Salz, Muskat, Zitronensaft, 1 Schuß Weißwein, evtl. gehacktem Dill.

Auch diese rasche weiße Sauce kann mit Sahne und Eigelb wesentlich verbessert werden.

5. Käsesauce zum Überbacken

1 l weiße Sauce, 100 g geriebenen Käse (Schweizer-, Parmesan- oder Käse aus Holland).

In die heiße, weiße Sauce wird der geriebene Käse eingerührt. Mit dieser Sauce werden Gerichte aus Reis, die überbacken werden sollen, überzogen, dann im Ofen goldgelb überkrustet.

6. Mango-Chutney-Sauce

1 l weiße Sauce, 5 Eßlöffel Mango-Chutney.

Der Mango wird grob gehackt und in die weiße Sauce hineingerührt. Einmal aufkochen.

7. Safransauce »Tutti Frutti«

1 l weiße Sauce, 4 Eßlöffel Senffrüchte, klein gehackt, 1/2 Teelöffel Safran, ein Schuß Madeira.

In die weiße Sauce wird der Safran hineingerührt, dann die Früchte einmal aufkochen und mit einem Schuß Madeirawein abschmecken.

8. Königinsauce

1 l weiße Sauce mit Eigelb und Sahne legiert, 3 Eßlöffel Streifen von grünen Paprikaschoten, 3 Eßlöffel Streifen von roten Paprikaschoten, 30 g Butter.

Die Paprikaschoten werden in heißer Butter angedämpft, dann in die heiße Sauce hineingerührt.

9. Indische Currysauce

100 g Butter, 4 Eßlöffel Zwiebelwürfel, 50 g Kokosraspeln, 3 Eßlöffel geraspelter Apfel, 4 Eßlöffel Mehl, 3 Eßlöffel Currypulver oder 2 Eßlöffel Curryextrakt, 1 l gute Fleischbrühe, 2 Tassen Sahne, 4 Eßlöffel Kokosmilch.

In die heiße Butter kommen Zwiebeln, dann Kokosraspeln und geriebener Apfel. 5 Minuten dämpfen. Mehl anstäuben. Curry dazugeben, gut umrühren, dann mit der kochenden Fleischbrühe auffüllen. 30 Minuten kochen, durch ein Sieb passieren. Sahne und Kokosmilch darunter. Je nach Geschmack können die Zutaten alle in der Sauce bleiben, müssen also nicht passiert werden.
Als Variation:
Mango-Chutney darunter rühren, 4 Bananen, mit der Gabel zerdrückt, darunter mischen.

10. Ananassauce

Unter die Currysauce 4 Scheiben Ananas, fein geschnitten, und 4 Eßlöffel Ananassaft mischen.

11. *Ratsherrnsauce*

40 g Butter, 200 g Kalbs- oder Schweinehirn, 3 Eßlöffel Zwiebelwürfel, 1 l weiße Sauce, Weißwein, 1 Eßlöffel gewiegte Petersilie.

In der heißen Butter wird das Hirn mit den Zwiebeln angedämpft. Nach 5 Minuten die weiße Sauce auffüllen, einmal aufkochen lassen. Abschmecken mit Weißwein. Petersilie beifügen.
Man kann diese weiße Sauce auch mit Curry würzen.

12. *Die echte Hollandaise*

3 Eigelb, 2 Eßlöffel Wasser, Salz, Pfeffer, 250 g Butter, 1/2 Teelöffel Zitronensaft.

Die Eigelb werden mit dem Wasser, einer Prise Salz und Pfeffer mit einem Schneebesen in einem kleinen Topf verrührt und der Inhalt des Topfes im heißen Wasserbad leicht geschlagen, bis die Masse anfängt, dick zu werden. Die Butter wird zerlassen, sie darf nicht zu heiß werden. In die dicke Eiersauce wird nun die flüssige Butter behutsam eingerührt. Mit Zitronensaft würzen.
Wer ganz sicher gehen will, der gibt zum Eigelb und Wasser einen halben Teelöffel Gustin.
Die Sauce darf nie kochen. Im heißen Wasserbad wird sie warm gestellt. Diese Sauce ist in vielen Variationen abzuwandeln.

Für uns sollen folgende genügen:

13. Béarnaise

1 Teelöffel fein gehackte Petersilie, 1/2 Teelöffel Fleischextrakt, 1 Spritzer Estragonessig, 1 Spritzer Lacroix Herbadox.

In die fertige Hollandaise werden die aufgezählten Zutaten gemengt.

14. Choron

Unter die Béarnaise werden 3 Teelöffel Tomatenketchup gemischt.

15. Paprikaschotensauce »Tokaier«

1 Eßlöffel grüne Paprikaschotenstreifen werden in etwas Tokaier 5 Minuten gedämpft. So kommen sie unter die warme Choron.

16. Champignonsauce

4 Eßlöffel Champignons, feinblättrig geschnitten, werden in wenig Butter angedämpft, dann unter die Béarnaise gemischt.

Süße Saucen finden Sie im Kapitel »Süße Schleckereien«.

Abwechslungsreiche Beilagen

Genauso wie wir die Salzkartoffel, die Pellkartoffel oder den Kartoffelbrei kennen, um nur einige wenige Kartoffelgerichte zu nennen, so können wir unseren Butterreis für jeden Geschmack variieren.
Bitte denken Sie an »das hübsche Reisgericht«! Seine Schönheitsmittel sind Ketchuptropfen, Tomatenwürfel und auch gehackte Petersilie.

1. *Geflügelrisotto*

Risottomenge wie Nr. 2 (Seite 35), warm, eben fertig geworden. 300 g in feine Streifen geschnittene, gekochte oder gebratene Geflügelreste wie Magen, Herz, Flügel ohne Knochen, 4 Eßlöffel Zwiebelwürfel, 1 Eßlöffel Tomatenmark, 3 Eßlöffel Fleischbrühe, 1 Eßlöffel gehackte Petersilie, 50 g Butter, 50 g geriebener Käse.

In der Butter die Zwiebeln andämpfen, Geflügelstreifen, Tomatenmark und Fleischbrühe dazugeben. Einmal aufkochen, würzen, dann die Petersilie. Diese Mischung mit »unserer Gabel« unter den Risotto mengen. Alles in eine feuerfeste Form füllen, mit geriebenem Käse überstreuen und im Ofen bei 200° goldgelb überbacken. Zeitdauer ca. 10 Minuten. Salate sind eine harmonische Ergänzung, aber auch frisches Gemüse wie Blumenkohl, Spinat oder Erbsen.

2. *Safranreis*

400 g gek. Reis, 50 g Butter, 1/2 Teelöffel Safran in Fäden oder gemahlen, Pulver ist besser.

Die Butter zerlaufen lassen, dann Safran hineingeben, auflösen. Den Reis dazu und heiß schwenken, ab und zu mit der Gabel rühren. Vielleicht ein wenig nachsalzen.

3. Curryreis

400 g gek. Reis, 50 g Butter, 1 Teelöffel Currypuder oder 1 Teelöffel Curryextrakt.

In der heißen Butter wird das Gewürz aufgelöst, dann kommt der Reis dazu. Weiter behandeln wie den Safranreis.

4. Paprikareis

400 g gek. Reis, 50 g Butter, 3 Eßlöffel Zwiebelwürfel, 2 Eßlöffel magere Speckwürfel, 1 Eßlöffel Rosenpaprika, mild.

In der Butter werden die Zwiebeln und der Speck angedämpft. Sie dürfen nur wenig Farbe nehmen. Den Paprika dazu mischen, dann erst den Reis hineingeben.

Noch ein Tip: Zu diesem Reis kann auch Paprikamark genommen werden, die Menge bleibt gleich. Es ist ein feuchtes Gewürz, nach kräftiger, aber nicht schärfer als Paprikapuder.

5. Reis mit Paprikaschoten, rote oder grüne

400 g gek. Reis, 50 g Butter, 200 g Paprikaschoten, in feine Streifen oder Würfel geschnitten.

In der Butter werden die rohen Paprikastreifen angedämpft, ca. 5 Minuten, dann kommt der Reis dazu. Heiß schwenken und u. U. ein wenig salzen. Übrigens sehen diese Paprikastreifen im Safran-, Curry- oder Paprikareis auch herrlich aus.

6. Reis mit geriebenem Käse

400 g heißer Butterreis, 100 g geriebener Käse (Schweizer, Parmesan oder Käse aus Holland), Salz, Muskat.

Unter den heißen Reis wird der geriebene Käse mit der Gabel gerissen, bis er Fäden zieht. Nachwürzen! Diese Abwandlung mit Käse kann auch bei den bereits angeführten Risottogerichten ab und zu angewendet werden!

7. Risi-Pisi

aus dem Italienischen kommend, von Riso con Piselli
400 g Butterreis, heiß, 50–100 g gesottene grüne Erbsen, 30 g Butter, 3 Eßlöffel gehackte Petersilie.

Die Erbsen in Butter erhitzen, in den Reis mischen und die gehackte Petersilie mit der Gabel unterziehen.
Noch ein Tip: Feine Erbsen sind interessant in den Variationen, die wir schon anführten, z. B. im Safran- oder Paprikareis!

8. *Ingwerreis*

400 g Butterreis, 100 g Ingwerpflaumen in dünne Streifen geschnitten, 50 g Butter.

In der heißen Butter die Ingwerstreifen andämpfen, den Reis dazugeben und zusammen heiß schwenken. Nachwürzen.
Dieser Reis schmeckt besonders gut mit Curry oder Safran.

9. *Ananasreis*

400 g Paprika- oder Curryreis, Safran- oder Butterreis, 150 g Ananaswürfel.

Die Fruchtwürfel unter den jeweiligen Reis mischen.

10. *Bananenreis*

400 g Butter-, Curry-, Paprika- oder Safranreis, 4 Bananen in Scheiben, 50 g Butter.

In der Butter die Bananenscheiben andämpfen. Diese locker mit der Gabel unter den jeweiligen Reis ziehen.

11. *Senffrüchte-Reis*

400 g Butter-, Curry-, Safran- oder Paprikareis, 150 g Senffrüchte, abgetropft, in Würfel geschnitten.

Die Senffruchtwürfel unter den jeweiligen Reis ziehen.

12. *Olivenreis*

400 g Butterreis, 150 g gefüllte Oliven, in Scheiben geschnitten, 50 g Butter.

Die Oliven werden in der Butter angedämpft, dann wird der Reis dazugegeben.

13. *Rosinenreis*

400 g Butterreis, Paprika-, Curry- oder Safranreis, 150 g Rosinen, gut gewaschen, 50 g Butter.

Die Rosinen in der Butter andämpfen (bitte aufpassen, werden gerne rasch zu dunkel), den Reis hinein und heiß machen.
Oder: Zu den Rosinen können noch 50 g gehackte Haselnüsse oder Mandeln gegeben werden. Außerdem schmeckt ein Reis allein mit Haselnüssen oder Mandeln ohne die Rosinen auch sehr gut.

14. Tomatenreis mit frischen Tomaten

400 g Butterreis, 250 g Tomaten abgezogen, entkernt und in Scheiben geschnitten, 50 g Butter, 3 Eßlöffel Zwiebelwürfel, 2 Eßlöffel gehackte Petersilie.

Die Zwiebelwürfel in der heißen Butter andämpfen, die Tomaten dazugeben, dann den Reis hinein. Hier können noch 2 Eßlöffel gehackte Petersilie hineingegeben werden.

15. Tomatenreis mit Tomatenmark oder Ketchup

400 g Butterreis, 2 Eßlöffel Tomatenmark oder Ketchup, 50 g Butter.

Das Tomatenmark wird in der heißen Butter aufgelöst, dann kommt der Reis hinzu. Gut mit der Gabel mischen.

16. Schinkenreis

400 g Butterreis, 150 g gekochter Schinken in Würfel oder in Streifen geschnitten, 50 g Butter.

Den Schinken in der heißen Butter andämpfen, den Reis darübergeben.

17. *Wurstreis*

400 g Butterreis, 150 g Fleischwurstwürfel (Jagd-, Fleisch-, Schinkenwurst oder Leberkäse), 3 Eßlöffel Zwiebelwürfel, 50 g Butter.

In der Butter die Zwiebeln und die Wurstwürfel andämpfen. Dann den Reis daraufgeben.

18. *Champignonreis*

400 g Butterreis, 100 g Champignons in Scheiben, 50 g Butter, 2 Eßlöffel gehackte Petersilie.

In der Butter die Pilze und die Petersilie andämpfen, den Reis dazugeben.
Übrigens sind Pfifferlinge und Steinpilze ebenso zu verwenden. Allerdings ist bei Steinpilzen, wenn sie aus der Dose kommen, der dicke, eiweißhaltige Saft vorher abzuspülen.

19. *Zwiebelreis*

400 g Butterreis, 4 Eßlöffel Zwiebelwürfel, sie sollen mit einem rostfreien Messer geschnitten werden, weil sie dann weiß bleiben, 50 g Butter.

In der heißen Butter werden die Zwiebelwürfel hellblond angedämpft. Dann wird der Reis darauf gegeben und heiß gemacht.
Rezept für Leute, die recht alt werden wollen:

400 g Butterreis, 50 g Butter, 4 Zehen Knoblauch, gerieben.

Die Butter heiß machen, den Knoblauch hineingeben, andünsten und unter den Reis ziehen.

20. Kräuterreis

400 g Butterreis, 2 Eßlöffel Petersilie, 1 Eßlöffel Zwiebelwürfel, 1 Teelöffel Selleriekraut, 1 Teelöffel Dill, 1 Teelöffel Schnittlauch, 1 Teelöffel Basilikum, alles fein gehackt, 50 g Butter.

In der Butter erst die Zwiebeln, dann nacheinander die anderen Kräuter ein wenig andämpfen, dann erst den Reis daruntermischen.
Auch gehackte Kapern können einen Reis recht pikant machen!

21. Zungenreis

400 g Butterreis, 150 g gepökelte oder frische Zunge, gekocht, in feine Streifen oder Würfel geschnitten, 50 g Butter.

In der heißen Butter die Zungenstreifen andämpfen, dann den Reis dazugeben.

Drei geschmackvolle Reisakkorde

Diese Dreiklänge sind sowohl als Beilagen zu Wild, Fisch, Geflügel und anderen Fleischsorten sehr zu empfehlen, sie sind aber auch vollständige Reisgerichte, die, meist mit einem Salat ergänzt, eine köstliche, leichte Mahlzeit bilden. Gewürzt werden diese »Reisakkorde« mit Salz, Muskat oder auch mit Schinken.

1. Reis mit Schinken und Ananas

400 g Butterreis, 100 g Ananasstreifen, 100 g Schinkenstreifen, gekocht, 40 g Butter.

In der Butter den Schinken und die Ananas andämpfen, dann den Reis dazugeben.

2. Reis mit Hühnerleber und Pfifferlingen

400 g Butterreis, 150 g Hühnerleber, 50 g Butter, 2 Eßlöffel Zwiebelwürfel, 4 Eßlöffel gehackte Pfifferlinge.

In der heißen Butter werden Zwiebeln, Pilze und Hühnerleber angedämpft, ca. 5 Minuten. Dann wird der Reis dazugegeben.

3. Reis mit Spargel und Geflügelfleisch

400 g Butterreis, 150 g Streifen von gekochtem oder gebratenem Huhn, 200 g Spargel in Stücke geschnitten, 50 g Butter, 1 Teelöffel gehackte Petersilie.

In der Butter das Fleisch und die Spargelstücke andämpfen, dann den Reis dazu, später die gehackte Petersilie (Spargel vorkochen).

Potpourris aus einem Topf

Im Kochtopf liegt der
Frieden einer Familie

Ist es nicht schade, daß der gute, alte, sättigende, wohlbekömmliche und so angenehm zuzubereitende Eintopf immer noch mit einer Standesdünkelhypothek belastet wird, wofür er selber doch gar nichts kann und deshalb von vielen immer noch als nicht gesellschaftsfähig bezeichnet wird? Bei unserem Thema, welches den Reis in den Mittelpunkt stellt, dürfen wir den ehrenwerten Eintopf nicht einfach übergehen. Reis fordert geradezu den Kochlustigen heraus, mit ihm köstliche »Potpourris aus einem Topf« zu komponieren.
Vergessen wir dabei nicht, daß heute noch ganze Völker ihre Existenz einer solchen segensreichen Mahlzeit verdanken.
Bei allen Eintöpfen mit klarer Fleischbrühe kommt es genauso wie bei einer klaren Suppe darauf an, daß die Fleischbrühe klar bleibt; dazu muß der Reis extra gekocht werden, also nicht in der Fleischbrühe. Er wird praktisch nach dem Rezept des Butterreises, s. S. 32, gar gemacht. Bei den gebundenen Eintöpfen kann hie und da der Reis in der Brühe mitgekocht werden, weil sie hier ohnehin schon gebunden wird. Auch sollte auf das kleine Make-up nicht verzichtet werden. Immer sollte eine solche dampfende, duftende, wohlgefüllte Terrine mit Karottenspänen, Tomatenwürfeln und reichlich gehackter Petersilie oder feingeschnittenem Schnittlauch verziert werden.

1. *Bunte Frühlingssuppe*

1 kg Rindfleisch (Bug oder Brust, durchwachsen) in kochendes Wasser legen, 300 g kleingehackte Rinderknochen, 250 g Möhren, 250 g Sellerie, 2 Stangen Lauch, 2 Eßlöffel gehackte Petersilie, 2 Petersilienwurzeln, 1 kleines Köpfchen Wirsing, 5 l Wasser, 250 g Reis gewaschen und gekocht, wie in Nr. 1 (S. 32); Salz, Muskat, Suppenwürfel.

Aus dem Fleisch und den Knochen und dem in kleine Würfel geschnittenen Gemüse wird eine aromatische Fleischbrühe gekocht. Sobald das Fleisch gar ist, wird es in kleine Würfel geschnitten. Die Brühe wird abpassiert. Schließlich den gekochten Reis, das Gemüse und das Fleisch in einen Topf schütten, mit der guten Brühe übergießen, einmal aufkochen lassen, würzen und auftragen.
Zubereitungsdauer 3 Stunden, wegen des Rindfleisches.

2. *Gemüsesuppe »Schönes Gartenfräulein«*

Diese kochen wir nach dem vorstehenden Rezept. Anstelle des Rindfleisches nehmen wir Kalbfleisch, vom Hals oder Bug. Die Zubereitungsdauer verringert sich auf 1 Stunde. Allerdings wird hier die Brühe nicht so kräftig, deshalb muß vielleicht nach Ihrem Geschmack ein wenig mit Suppenwürze nachgeholfen werden.
Dazu noch einen weiteren Tip: Mit Schweinefleisch ist diese schmackhafte Suppe auch zu kochen. Dazu wird

Fleisch von der Schulter oder aus dem Nacken genommen.
Zubereitungsdauer 60–90 Minuten.

3. Ein Huhn im Reistopf

1 kochfertiges Huhn, Suppengemüse (Möhren, Lauch, Sellerie, Petersilienwurzel, 1 Lorbeerblatt, 2 Nelken, gesamt ca. 500 g), 5 l Wasser, Salz, 300 g Reis gekocht, s. S. 32.

Das Huhn wird in das kochende, mit Gemüse angesetzte Wasser gelegt. Sobald es weich ist (Fingerprobe am Bein), wird es herausgenommen und 20 Minuten kühl gestellt. Währenddessen wird auch das Gemüse herausgenommen, in Würfel geschnitten und die Fleischbrühe durch ein Sieb gegossen. Das Huhn wird entbeint, in Streifen geschnitten und mit dem Gemüse und dem Reis zusammen in einen Topf gegeben. Darüber die Fleischbrühe schütten, aufkochen lassen, würzen und auftragen. Zur Verfeinerung können noch 3 Eier aufgeschlagen werden, die in die leise kochende Brühe hineingerührt werden.
Zubereitungsdauer 1–2 Stunden.
Soll eine solche kostbare Suppe schneller zubereitet werden, dann nimmt man junge Hähnchen, die sind in 30 Minuten weich.
Für den Sonntag: Wenn in einen solchen, schon jetzt herrlichen Hühnerreistopf noch frischer Spargel oder herzhafte Blumenkohlröschen oder junge zarte Karotten und butterweiche frische Erbsen kommen, dann ist dieser Sonntag noch festlicher geworden.

Übrigens läßt sich dieser vorzügliche Hühnerreistopf auch mit den öfters angebotenen Hühnermägen sehr schmackhaft zubereiten. Eine weitere Leckerei auf gleicher Ebene ist, Gänseklein in dieser Form zuzubereiten. Das Fleisch paßt sehr fein zum Reis, muß aber vorher von den Knochen genommen werden.

4. Die »Herzliche Schüssel«

2 Kalbsherzen oder 2 Schweinsherzen in dicke Streifen geschnitten, 3 Eßlöffel Zwiebelwürfel, 50 g Butter, 2 l Fleischbrühe, 300 g Reis gewaschen und gekocht (s. S. 32), 4 Tomaten abgezogen und in Streifen geschnitten, Salz, Saft einer halben Zitrone, 1 Prise Basilikum, 2 Eßlöffel Kapern.

In der heißen Butter werden die Zwiebeln mit den Herzstreifen ca. 10 Minuten angedämpft. Auffüllen mit der Fleischbrühe, langsam kochen, bis das Herz weich ist. Den Reis dazu und die Tomaten. Einmal aufkochen, würzen, Zitronensaft und Kapern beifügen.

5. Hirnsuppe »Patron«

500 g Kalbs- oder Schweinehirn, 5 Eßlöffel Zwiebelwürfel, 100 g Butter, 300 g gekochter Reis, s. S. 32, 4 Eßlöffel gehackte Petersilie, 4 Eßlöffel Mehl, 4 l Fleischbrühe, 3 Eigelb, 2 Tassen Sahne, 1/2 Tasse Weißwein.

Die Zwiebeln werden mit dem gutgewässerten und enthäuteten, in kleine Stücke geschnittenen Hirn in Butter angedämpft. Nach 5 Minuten kommt Petersilie dazu, dann das Mehl, das angeschwitzt und mit der heißen Fleischbrühe aufgefüllt wird. 10 Minuten sachte kochen lassen. Den Reis zugeben, einmal aufkochen und vom Feuer nehmen. Eigelb mit Sahne verrührt hinzugeben, dann fertig würzen.
Ausgezeichnet passen Spargel, feine Erbsen oder in Scheiben geschnittene Champignons dazu.

6. Frikasseetopf »Lilonida«

1 gekochtes Huhn, in Streifen geschnitten, 50 g Butter, 2 l Hühnerbrühe, 4 Eßlöffel Gustin, kalt angerührt in 2 Tassen Milch, 300 g gekochter Reis, 200 g gekochter Spargel in Stücke geschnitten oder Blumenkohl oder Champignons, klein geschnitten, 3 Eigelb in 2 Tassen Sahne verrührt, Saft einer Zitrone, $^1/_2$ Tasse Weißwein, Salz.

In der Butter werden die Hühnerstreifen angedämpft. In die kochende Fleischbrühe wird das angerührte Gustin mit einem Schneebesen eingerührt. 5 Minuten langsam kochen lassen. Jetzt den Reis, Gemüse und Huhn hineingeben. Einmal aufkochen, dann das Eigelb mit der Sahne, Zitronensaft und Wein zugeben, würzen, aber nicht mehr aufkochen!
Genauso ist auch ein Frikasseetopf mit Kalbfleischwürfeln zuzubereiten.
Wer ein Curryfreund ist, der gibt in die Sauce, bevor

die anderen Zutaten hineinkommen, 1 Eßlöffel Curryextrakt. Er wird sorgfältig mit dem Schneebesen verteilt, und jetzt kommen erst die anderen Zutaten hinzu.

Gänseklein schmeckt übrigens in dieser Form auch ausgezeichnet, in die weiße Sauce kommen noch 4 Eßlöffel gehackte Petersilie.

7. *Rosenpaprika-Kasserolle*

50 g Butter, 4 Eßlöffel Zwiebelwürfel, 1 Zehe geriebener Knoblauch, 500 g Kalbfleisch in groben Würfeln, 250 g Reis, 3 Eßlöffel Tomatenmark, 2 Eßlöffel Mehl, 1 Teelöffel Rosenpaprika, mild, 2 l Fleischbrühe, 2 Tassen Sahne, Saft einer halben Zitrone.

Im Fett werden die Zwiebeln, Knoblauch und das Kalbfleisch angedämpft. Nach 10 Minuten kommt der Reis hinzu. Nach 5 Minuten das Tomatenmark, dann Mehl und Paprika. Zugedeckt dämpfen lassen, ca. 3 Minuten. Jetzt die kochende, abgeschmeckte Fleischbrühe daraufgießen, durchkochen lassen und in die heiße Ofenröhre schieben. Nach 30 Minuten wird die Kasserolle wieder aus dem Herd genommen, und jetzt wird die Sahne hinzugegossen. Mit Zitrone abschmecken.

8. Minestrone, ein altes Mailänder Rezept

200 g Zwiebeln, 200 g Lauch, 200 g Sellerie, 200 g Karotten, 200 g Weißkohl oder Wirsing, 100 g magerer Speck in Würfeln, 4 Eßlöffel Olivenöl, 5 l Fleischbrühe, 250 g Langkorn-Reis, 100 g Makkaroni, klein gebrochen, 2 Zehen Knoblauch, gehackte, 3 Salbeiblätter, 200 g abgezogene Tomaten, 4 Eßlöffel gehackte Petersilie, 100 g geriebener Parmesankäse. Es kann aber auch anderer geriebener Käse dazugegeben werden.

In heißem Öl werden der Speck und sämtliche Gemüse, die in Streifen geschnitten wurden, angedämpft. Nichts darf Farbe nehmen. Nach 20 Minuten wird die heiße Fleischbrühe aufgefüllt und sofort der gewaschene Reis dazugeschüttet. Sobald er einigermaßen weich ist, in 15 Minuten, werden die Makkaroni hineingeworfen, nun noch 15 Minuten langsam kochen. Jetzt die Tomaten, den Knoblauch und die Salbeiblätter dazu, einmal aufkochen lassen und würzen. Die gehackte Petersilie krönt diese Herrlichkeit.
Sollte die »Minestrone« zu dick sein, kann nach Geschmack noch Fleischbrühe dazugegossen werden. Käse wird bei Tisch darüber gestreut.
In Italien wird die Suppe am nächsten Tag, besonders in der heißen Jahreszeit, auch kalt gegessen.

9. Bohnen und Reis

Nationalgericht in Panama, allerdings werden hier schwarze Bohnen dazu verwendet.

150 g getrocknete weiße Bohnen, eine Nacht eingeweicht, 3 l Fleischbrühe, 1 Lorbeerblatt, 300 g gepökeltes Schweinefleisch in Würfeln, 200 g Reis, gut gewaschen, Salz, 50 g Olivenöl, 4 Eßlöffel Zwiebelwürfel, 1 Zehe Knoblauch, gerieben, 100 g magere Speckwürfel.

Bohnen werden in Fleischbrühe mit Lorbeer und Pökelfleisch aufgesetzt. Nach 1 Stunde Kochzeit den Reis hinzugeben. Gut umrühren. Nach ca. 20 Minuten, sobald der Reis weich ist, würzen und im heißen Olivenöl Zwiebel, Knoblauch und Speckwürfel anrösten, die dann auf das Gericht in die Mitte geschüttet werden.

Bohnen und Reis müssen gemeinsam gar werden. Das Gericht hat meistens Bindung durch den Reis. Sollte es aber einmal nicht dick genug sein, dann wird es noch ein wenig mit Gustin gedickt.

Diese Suppe schmeckt auch ausgezeichnet, wenn kein Pökelfleisch, sondern Bratwürstchen in Scheiben als Einlage genommen werden.

Mit Reis gefüllt und gestreckt

Es ist nicht jedermanns Sache, große Fleischportionen zu verzehren. Deshalb bietet sich unser Reis geradezu an, dieses zwar wichtige, aber immer noch recht kostspielige Nahrungsmittel zu »verlängern«. Das allein ist aber nicht der Grund für dieses Kapitel. Das Füllen von Paprikaschoten, Tomaten, Gurken und Weinblättern sowie Kohlblättern soll hier erklärt werden. Die Kalbs- und Schweinebrust, Hähnchen und Enten, Hühner und Gänse, Puter und Tauben, all dieses lustige Federvieh, stopfen wir voll mit köstlichen Reismischungen, auf daß sie uns besser bekommen mögen.

Reis macht alle Füllungen durch seine trockene Körnigkeit locker, zart und wohlschmeckend, besonders bei fettem Geflügel oder Fleisch.

Darüber hinaus sind Reste auf diese Weise besonders angenehm und günstig zu verwenden.

1. *Die universale Reisfarce*

200 g Schweinefleisch aus dem Nacken, 200 g Kalbfleisch aus der Schulter, beides fein durchgedreht. 4 Eßlöffel Zwiebelwürfel, 2 Eßlöffel Petersilie, gehackt, 50 g Butter, 3 Eier, 2 Tassen Sahne, Salz, Muskat, Pfeffer, 1 Prise Majoran, 300 g gekochter kalter Reis, gekocht nach Rezept Nr. 1 (s. S. 32).

Die Zwiebelwürfel werden mit der Petersilie in der Butter angedämpft. Dann mit dem Fleisch und den andern Zutaten gut durchgeknetet. Zum Schluß erst kommt der Reis darunter. Bevor die Füllung verwendet wird, 20 Minuten ruhen lassen. Als Fleisch kann auch Rind oder Lamm verwendet werden.

Soll Fischfüllung zubereitet werden, dann kommt anstelle von Fleisch 300 g Fischfilet, durchgedreht, dazu Im übrigen ist die Verwendung genauso.

2. *Reisküchlein, gebraten*

Aus der obigen Masse, der Nr. 1, werden kleine Brötchen geformt, die ca. 80 g schwer sein dürfen. Beiderseitig in heißem Fett braten. Als Beilage paßt jedes Gemüse.

3. *Reisfüllung für Geflügel*

Die Mengen richten sich hier ganz nach dem Vogel, der gefüllt werden soll.

In die Farce von Nr. 1 werden zusätzlich Leber, Herz und Magen mit durchgedreht und untermischt. Als Gewürz kommen dazu 3 Eßlöffel Madeira, 2 Eßlöffel Weinbrand und 1–2 Teelöffel Pastetengewürz.

20 Minuten stehen lassen.
Die Füllung wird entweder innen hineingestopft oder vorne in die Brust, vom Hals aus. Dann muß aber die Halshaut entsprechend lang genug erhalten bleiben. Sie wird später, nach dem Füllen, auf dem Rücken, gleichsam als Deckel, zugenäht, damit die Füllung nicht herausquellen kann.
Sollte von der Füllung etwas übrig bleiben, dann kann sie wie in Nr. 2 verwendet werden, als Fleischküchlein.

4. Reisfüllungen böhmischer Art, vor allem für Puten und Enten

Unter die Reisfüllung Nr. 3 werden 100 g gewaschene Sultaninen und 50 g gehackte Mandeln und 2 Eßlöffel gehackte Pistazien gemischt.

Als Abwechslung sind anstelle der Rosinen auch Bananen oder Backpflaumen unter die Füllung zu mischen. Die Backpflaumen werden eine Nacht eingeweicht, in dem gleichen Wasser aufgekocht, entkernt und kalt unter die Füllmenge gemengt.

5. Gefüllte Paprikaschoten

Pro Kopf 2 große Schoten, entkernt, 250 g Lammfleisch, fein durchgedreht, 4 Eßlöffel Zwiebelwürfel, 2 Eßlöffel fein gehackte Petersilie, beides in 100 g mageren Speckwürfeln angedämpft, Salz, Muskat, 2 Eier, 300 g gekochter, kalter Reis, Tomatensauce (s. S. 76), etwas Sahne.

Alles gut mengen und 20 Minuten stehen lassen.
Die Paprikaschoten werden vollgefüllt. Ein flaches Geschirr wird mit dünner Tomatensauce s. S. 76) halb gefüllt. In die Sauce werden die Paprikaschoten gesetzt, und zugedeckt werden sie im Ofen bei 200° 30 Minuten gedämpft. Vor dem Auftragen wird in die Öffnung der Schoten eine kleine Tomate gesetzt.
Unter die Sauce wird ein wenig Sahne gemischt und noch einmal abgeschmeckt. Sie kommt über die Paprikaschoten.

6. Weitere Anregungen mit dieser Füllung:

Tomaten: Große Früchte werden knapp abgedeckelt, ausgehöhlt, wenig gesalzen, dann gefüllt. Den Deckel daraufdecken, in gebutterte Kasserolle setzen und im Ofen bei 200° zugedeckt dämpfen lassen, ca. 20 Minuten.

Gurken: Frische Gurken werden ungeschält in 8 cm lange Stücke geschnitten. Die Kerne werden so entfernt, daß immer noch ein kleiner Boden bleibt. Die Löcher ein wenig salzen und vollfüllen mit der Farce. In gebutterte Kasserolle setzen, zudecken und 20 Minuten bei 200° dämpfen. Weiße Dillsauce (s. S. 77) paßt dazu.

7. Gefüllte Weinblätter »Yaprak«

Pro Kopf 5–8 Weinblätter von echten Reben. Die Füllung von Nr. 4, Öl, Saft von 2 Zitronen.

Weinblätter werden eine Minute in kochendem Wasser gebrüht. Der harte Stengel wird entfernt. Die Blätter auf ein gesalzenes Brett geben und auf jedes Blatt 1 Eßlöffel Farce legen. Das Blatt zusammenwickeln, damit nichts mehr herausguckt von der Farce. Die gefüllten Blätter werden jetzt mit Öl und dem Saft von 2 Zitronen übergossen. So bleiben sie 30 Minuten liegen. Danach werden sie in Öl gedämpft, ca. 20 Minuten. Ein feines, einfaches Gericht, das aus Griechenland und der Türkei stammt.

8. Gefülltes Weißkraut

Die Füllung von Nr. 1, Weißkohl oder Wirsingköpfe, Kümmel, magere Speckscheiben.

Der Strunk wird keilförmig aus dem ganzen Kopf geschnitten. In kochendem Salzwasser 10 Minuten kochen. Die Köpfe herausnehmen und kalt spülen. Auf einen Durchschlag legen zum Abtropfen. Von den Köpfen werden die Blätter möglichst unbeschädigt abgenommen und auf ein gesalzenes Brett gelegt. Die harten Stengel herausschneiden. Die kleinen Blätter werden wie ein Polster auf die großen verteilt. Alles ein wenig pfeffern und etwas Kümmel darüberstreuen. Auf jedes Blatt werden nun 3 Eßlöffel Füllung gelegt und zusammengerollt wie eine Roulade. In eine gut gefettete Pfanne werden die Rouladen eng aneinander gelegt. Auf jede kommt eine magere Speckscheibe. Die Pfanne zudecken und in die heiße Röhre schieben. Bei 250° ca. 30 Minuten dämpfen lassen.

9. Rindsrouladen, mit Reis gefüllt

Pro Kopf eine Scheibe Rindfleisch, dünn aus der Keule geschnitten, 3 Eßlöffel Reisfüllung Nr. 1.

Das Fleisch wird auf ein gesalzenes Brett gelegt. Die Füllung wird auf das Fleisch gelegt, zusammengewickelt und mit zwei Zahnstochern festgesteckt. In heißem Fett angebraten, in etwas guter Fleischbrühe fertig gedämpft. Dauer ca. 40 Minuten. Die Sauce wird, wenn das Fleisch herausgenommen ist, ein wenig gedickt mit angerührtem Gustin.

10. *Leberknödel mit Reis*

300 g Rinds- oder Schweineleber, 100 g fetter, geräucherter Speck, 3 Eier, 3 Eßlöffel Zwiebelwürfel, 1 Eßlöffel Petersilie gehackt, beides andämpfen in Fett, 300 g gekochter, kalter Reis Nr. 1, Salz, Muskat, 1 Prise Majoran.

Der Speck und die Leber werden durchgedreht, Gewürze und Eier dazugeben. Gut mischen. Jetzt wird der Reis daruntergemengt. 30 Minuten stehen lassen. Aus dieser Masse werden mit einem Eßlöffel kleine Klöße geformt und sofort in kochendes Salzwasser gelegt. Wenn sie hochkommen, vom Feuer nehmen und noch 20 Minuten ziehen lassen.
Bitte erst eine Probe machen. Sollte die Masse nicht genug binden, dann werden noch Semmelbrösel darunter gemischt.
Mit Sauerkraut auftragen.

Etwas Reis und ein paar Eier

Hier haben wir Gerichte, die wir auch Blitzgerichte nennen könnten, weil sie sich so rasch zubereiten lassen. Eier sind wohl in jedem Haus immer vorhanden, und wenn wir noch ab heute darauf achten, daß in unserem Kühlschrank ein Sieb steht, welches mit körnig gekochtem Reis gefüllt ist, dann kann uns kein Besuch in Verlegenheit bringen. In Blitzeseile wird er mit kleinen, leckeren Gerichten versorgt, die nicht nur ihm, sondern auch der Köchin beim Anrichten große Freude bereiten. Diese bekömmlichen Gerichte gefallen dem Auge erst, wenn das frische Salatblatt mit der Tomatenscheibe nicht vergessen wird. Feingeschnittener Schnittlauch oder frischgehackte Petersilie erhöhen den aromatischen Geschmack.

Bei den folgenden Omelettrezepten sind die Zutaten, die sonst für 4 Personen gelten, nur für eine Person berechnet.

Da eine ganze Reihe von ihnen als kalte oder warme Vorspeise gereicht werden können, dürfen wir noch darauf aufmerksam machen, daß als Vorspeise 1–2 Eier genügen, während beim Hauptgericht 3 Eier genommen werden sollten.

1. *Omelett mit Reis*

3 Eier, aufgeschlagen, Prise Salz, Stäubchen Muskat, 50 g Butter, 4 Eßlöffel gekochter, heißer Reis.

Die Eier werden in der Eierpfanne zu einem Omelett geformt. In diese zarte Eierdecke geben wir den heißen, gewürzten Reis und schlagen die beiden Seiten darüber, um nun das Omelett auf einen warmen Teller zu kippen.

Dafür einige Tips: In diesen Reis, der von dem Eiermäntelchen so nett und reizvoll umschlungen wird, kann alles mögliche hineingegeben werden. Sehen Sie sich bitte noch einmal die Reisvariationen ab Seite 84 an. Sämtliche Sorten sind hier fein zu verwenden. Übrigens auch eine nette Art, Reisreste zu verbrauchen, die jedesmal anspricht.

2. *Omelett nach der Gartenfriedel*

3 Eier, aufgeschlagen, Salz, Muskat, 4 Eßlöffel Reis gewürzt, 3 Eßlöffel Gemüsestreifen gedämpft, (Möhren, Lauch oder Spinat, Salat oder Sellerie, Spargel oder Weißkohl usw.), 50 g Butter, 1 Teelöffel gehackte Petersilie.

Der Reis wird in der Butter heiß gemacht, die jeweiligen Gemüsestreifen werden darunter gemischt, ebenfalls die gehackte Petersilie. Inzwischen wird in der Eierpfanne das Omelett geformt, dann kommt der Gemüsereis hinein. Jetzt wird das Omelett zusammengeklappt und in die angewärmte Platte gekippt.

Dazu noch folgendes: Erbsen, Tomatenwürfel, Pilzscheibchen, sowie Schinkenstreifen sind ebenfalls reizvolle Kombinationen, die sehr gut in ein solches Omelett passen.

Die Möglichkeiten sind schier unbegrenzt, und wir sind überzeugt, daß Sie selber bald eine Menge eigener Zusammenstellungen gefunden haben und mit Stolz Familie und Freunden servieren werden.

3. Hirtenomelett von der Pußta

3 Eier, aufgeschlagen, 2 Eßlöffel magere Speckwürfel, 2 Eßlöffel feingeschnittene Zwiebeln, 50 g Butter, 1 Teelöffel Paprika, 1 Teelöffel gehackte Petersilie, 4 Eßlöffel Reis.

Der Speck wird mit den Zwiebeln und dem Reis angebraten. Jetzt den Paprika dazu und die Petersilie, das Omelett formen, den Reis hinein und zusammenklappen.

4. Reisomelett »Lyon«

3 Eier aufgeschlagen, Salz, Muskat, 4 Eßlöffel Reis, 3 Eßlöffel Hollandaise, s. S. 80, Butter.

Der Reis wird in Butter heiß gemacht und mit der warmen Hollandaise vermischt. Das Omelett wird in der Eierpfanne geformt und auf die warme Platte gekippt. Der Länge nach an der Oberfläche aufschneiden und ein wenig den Schnitt auseinanderziehen. In diesen Schnitt wird der Hollandaise-Reis gefüllt.

5. Omelett »Bozen«

3 Eier, aufgeschlagen, Salz, Muskat, 4 Eßlöffel Reis, 2 Eßlöffel Senffrüchte, gehackt, 50 g Butter.

Der Reis wird in der Butter mit den Senffrüchten erhitzt. Die Eier werden zum Omelett geformt, der Früchtereis wird hineingefüllt. Das Omelett zusammenklappen und auf den warmen Teller kippen.

Für besondere Anlässe: Etwas Zucker auf das Omelett streuen, Pott-Rum darüber gießen und das Gericht auf dem Tisch anzünden.
Noch einige Anregungen: Dieser Reis, der auch ein wenig mit Zucker, Zimt oder Vanille abgeschmeckt werden kann, darf nun einige Apfelwürfel, Orangenschnitze, Bananenscheiben, Pfirsichstreifen oder entsteinte Kirschen als Beilage bekommen. Immer werden solch rasche, leichte Früchtekombinationen begeistern.

6. Das Omelett für den Mutigen

3 Eier, aufgeschlagen, Salz, Muskat, 4 Eßlöffel Reis, 2 Eßlöffel Pfirsichstreifen, 2 Eßlöffel gekochtes Hühnerfleisch in Streifen, 50 g Butter.

Der Reis wird in Butter heiß gemacht, die Frucht und Fleischstreifen werden daruntergemischt.
Das Omelett formen, den Reis hineinfüllen und zusammenklappen.
Noch andere Vorschläge: Schinken mit Ananas, Kassler mit Bananen, Orangen mit Wild, Preiselbeeren mit Hasenbraten.

7. Wiener Hirn

150 g gewässertes Kalbshirn, 5 Eßlöffel Reis, 1 Eßlöffel Zwiebelwürfel, 1 Teelöffel gehackte Petersilie, 50 g Butter, 2 Eier aufgeschlagen, Salz, 1 Prise Origano.

Das Hirn in der heißen Butter mit den Zwiebeln und der Petersilie 2 Minuten andämpfen, den Reis dazugeben, würzen. In der Eierpfanne aus den geschlagenen Eiern ein dünnes Omelett formen, den Reis mit dem Hirn hineinfüllen, beide Seiten umschlagen und auf eine warme Platte legen. Salatblatt mit Tomatenecken bitte nicht vergessen.

8. *Omelett mit Kräuterreis*

4 Eßlöffel Reis, 1 Teelöffel gehackte Petersilie, 1 Eßlöffel Zwiebelwürfel, 1 Teelöffel gehackter Kerbel, 1/2 Teelöffel gehackter Dill, 50 g Butter, 4 Eier, aufgeschlagen mit etwas Salz und Muskat.

In der Butter die Zwiebel mit den Kräutern andämpfen, dazu den Reis geben und kurz erhitzen. Von den aufgeschlagenen Eiern 4 kleine Omeletts backen, mit dem Kräuterreis füllen und auf warmen Tellern anrichten. Ein Sträußchen krause Petersilie und ein Tomatenschnitz als Schmuck.

9. *Rührei »Pisa«*

3 Eier, Salz, Muskat, 3 Eßlöffel Reis, 2 Eßlöffel Tomatenstreifen, 50 g Butter, 1 Eßlöffel geriebener Käse, 1 Teelöffel gehackte Petersilie.

Unter die aufgeschlagenen Eier werden der Reis und die Tomatenstreifen und die Petersilie gemischt. In der heißen Eierpfanne wird nun locker und luftig das Rührei geformt und auf den warmen Teller geschoben. Nun den geriebenen Käse darüber streuen.

10. Pochierte Eier auf Curryreis

3 Eier, kochendes Essigwasser, 5 Eßlöffel Curryreis (s. S. 85) und Tomatensauce (s. S. 76).

In dem kochenden Essigwasser werden die Eier pochiert. Dazu schlägt man jedes Ei in eine Untertasse und läßt es von der Untertasse in das kochende Wasser gleiten. Sobald alle im Wasser sind, auf kleine Flamme stellen, damit das Ei zwar von außen fest wird, aber innen im Kern noch weich bleibt.
Nach 3–4 Minuten werden sie herausgenommen, auf ein Tuch zum Abtrocknen gelegt und dann auf den heißen Curryreis gelegt. Eindecken mit Tomatensauce. Zu diesem schönen Gericht können natürlich ebenfalls wieder sämtliche Reissorten, die unter den Variationen (s. S. 84) empfohlen sind, genommen werden. Auch hier sind die Möglichkeiten unbegrenzt.

11. Überkrustete Eier

3 pochierte Eier, 3 Eßlöffel Käsesauce (s. S. 78), 50 g geriebenen Käse, Tomatenreis (s. S. 89).

Der heiße Tomatenreis wird auf eine feuerfeste Platte gelegt, darauf die pochierten Eier. Sie werden bedeckt mit der heißen Käsesauce, dann geriebenen Käse darüberstreuen, im heißen Ofen bei 250° überbacken. Ca. 10 Minuten.

12. *Tomateneier auf Safranreis*

4 Eßlöffel Safranreis (s. S. 84), 3 Eier, 3 große Tomaten abgedeckelt.

Auf den heißen Safranreis werden die offenen und ausgehöhlten Tomaten gestellt, wenig salzen. In die Tomaten wird je ein Ei roh hineingefüllt, aufgeschlagen. Auf jedes Ei ein Stückchen Butter. Diese Platte wird in den heißen Ofen geschoben, bei 250° überbacken.
Nach 10 Minuten ist das Gericht fertig.

13. *Eierreispudding*

$^{1}/_{4}$ l Milch, 4 Eier, Salz, Muskat, gut miteinander verschlagen, 1 Teelöffel gehackte Petersilie, 2 Eßlöffel Zungenwürfel, 3 Eßlöffel gekochter Reis.

Alle Zutaten werden vermischt, und die Masse kommt in gut gebutterte Formen, die im Wasserbade im heißen Ofen so lange sacht garen, bis sie im Kern fest sind.
Auf warme Platte stürzen oder im Näpfchen servieren, Salat dazu reichen.

14. *Sonntagsreisauflauf*

3 Eier, $^{3}/_{8}$ l Sahne, Salz, Muskat, 3 Eßlöffel Zwiebelwürfel, 3 Eßlöffel gehackte Petersilie, 8 harte Eier, kalt in Scheiben geschnitten, 500 g gekochter Reis, Butterflocken, 4 Eßlöffel geriebener Käse.

Die Eier werden mit der Sahne innig vermischt, gewürzt, gedämpfte Zwiebeln und Petersilie werden beigegeben. Die harten Eischeiben werden unter den Reis gemischt, dann erst wird der Reis unter die aufgeschlagenen Eier verteilt. Diese Masse wird in eine gutgebutterte Form gefüllt und im Ofen bei 250° im Wasserbade gegart. Vorher mit Butterflocken und mit geriebenem Käse überstreuen.
Dauer etwa 30 Minuten. Das Gericht muß im Kern fest sein.
Hier kann unter den Reis Gemüse, Fleisch oder Fisch gemischt werden, immer ist dieses Gericht ein wirklicher Genuß!

15. *Reisrand mit Eierragout*

Reisrand s. S. 35

8 harte Eier in Scheiben geschnitten, 3/8 l weiße Sauce mit Petersilie (s. S. 77), 60 g Butter.

In der Butter werden die Eierscheiben kurz erhitzt, die heiße weiße Sauce hinzugegeben; nachwürzen. Einmal aufkochen lassen. Dieses pikante Ragout in den Reisrand füllen.
Tips für das Eierragout: In dieses Ragout können Erbsen, Krabben, Tomatenwürfel oder Fleischwürfel getan werden, um es zu variieren.

Einige kalte Reisgerichte

1. *Harte Eier auf Reissalat*

2 halbe harte Eier, 4 Eßlöffel Reissalat (S. 131), 3 Eßlöffel Mayonnaise.

Auf einem Teller den Reissalat anrichten, die halbierten Eier darauf legen, die Mayonnaise darüber decken.

2. *Reisrand mit Eiersalat*

Aus dem kalten Reissalat wird ein Reisrand geformt. In die Mitte wird der eben beschriebene Eiersalat gefüllt.

3. *Eierhügel auf grünem Salat*

3 harte Eier gewürfelt, 5 Eßlöffel gekochter Reis, 3 Tomaten enthäutet und gewürfelt.

Alles wird gut gemischt. Die Masse mit einer kleinen, in heißes Wasser getauchten Kelle zu kleinen Hügeln formen, die auf grünem Salat angerichtet werden.
Eine angenehme Mahlzeit für die warmen Tage.

Reis und Fisch ziert jeden Tisch

So viele Gerichte gibt es gar nicht, die erstens so rasch zubereitet, zweitens so lecker im Geschmack und schließlich drittens so wohlbekömmlich sind wie gerade Fische und Meeresfrüchte in Verbindung mit Reis. Vor allem für Menschen, die auf ganz leichte Kost achten müssen, ist diese Nahrung ideal.
Allein diesem Kapitel könnte ein ganzes Buch gewidmet werden. Aber dann würden wir Ihrem Erfindungsehrgeiz zu weit vorgreifen. Wir beschränken uns deshalb auf einige ausgesuchte Anregungen, die hier bei uns ohne Schwierigkeiten nachzukochen sind.
So wie wir zum Reis, dem trockenen, körnigen Butterreis, das Hühnerfrikassee empfohlen hatten, so erinnern wir hier an alle die Fischgerichte, die mit einer weißen, grünen oder roten Sauce zubereitet werden.
Als Beilagen sind alle die Reissorten zu gebrauchen, die unter dem Kapitel »Abwechslungsreiche Beilagen« (S. 83) zusammengefaßt wurden.
Probieren wir also:

1. *Fischfilet »Carmen«*

500 g heißer Paprikareis (S. 85), 4 Eßlöffel Zwiebeln, 100 g Olivenscheiben, 2 Zehen Knoblauch zerrieben, 4 Eßlöffel Olivenöl, 750 g Goldbarschfilet in Portionsstücke geschnitten, Salz, Saft einer Zitrone, 500 g Tomaten, abgezogen in Scheiben geschnitten, 1 Schuß Weißwein, gehackte Petersilie.

Während der Reis heiß gemacht wird, werden die Zwiebeln, Oliven und der Knoblauch im heißen Öl angedämpft. Der Fisch, gesalzen und mit Zitronensaft beträufelt, wird auf die Zwiebeln gebettet. Die Tomatenscheiben darüberhäufeln und salzen. Zudecken und in den heißen Ofen schieben. Nach 15 Minuten ist der Fisch fertig. Er wird auf dem Reis angerichtet und mit der Sauce, die in der Pfanne zurückblieb, mit dem Wein und reichlich gehackter Petersilie überdeckt.

2. *Seelachs, Frühlingsart*

750 g Seelachsfilet, mit Zitrone beträufelt, 500 g junge Karotten in Scheiben geschnitten, 50 g Butter, 2 Eßlöffel gehackte Petersilie, Salz, 500 g Risi Pisi (S. 86).

In der heißen Butter werden die Karotten 10 Minuten angedämpft. Der gewürzte Fisch wird daraufgelegt, 10 Minuten gedämpft. Auf warmer Platte wird der Fisch mit den Karotten und mit der Petersilie überstreut. Der Reis wird getrennt angerichtet.

3. *Kabeljaupastete »Mosca«*

750 g Kabeljaufilet wird in gulaschgroße Stücke geschnitten. Salzen, mit Zitrone überträufeln, 500 g gekochter Safranreis (s. S. 84), 100 g Krabben, 30 g Butter.

Die feuerfeste Form oder die Jenaer Glasschüssel mit Deckel wird lagenweise mit Safranreis, Krabben und Fischstücken gefüllt. Der Abschluß wird durch eine Lage Reis gebildet. Butterflocken daraufsetzen. 30 Minuten in heiße Röhre schieben. In der Form auftragen. Grünen Salat dazu.

4. Goldbarschhaschee »Schöne Nixe«

750 g Goldbarschfilet durch den Wolf gedreht. 5 Eßlöffel Zwiebelwürfel, 4 Eßlöffel Speckwürfel, 3 Eßlöffel Petersilie, 1 Teelöffel Dill, beides fein gehackt, 500 g gekochter Butterreis, 50 g Butter.

In der Butter werden der Speck und die Zwiebeln angebraten, dann den Fisch dazugeben, salzen und mit Zitronensaft überträufeln, die Kräuter dazugeben. Noch 10 Minuten dämpfen, den Reis darunterziehen, einmal aufkochen lassen und mit Gemüsen oder Salaten auftragen.

5. Reistorte »Palmia«

500 g gekochter Reis, vermischt mit 1/2 l Hollandaise (s. S. 80), 300 g Thunfisch aus der Dose, Saft einer Zitrone, Salz, 10 Sardellenringe, 3 Eßlöffel Kapern, 20 gefüllte Oliven in Scheiben geschnitten, 4 Eier vermischt mit 2 Tassen Sahne, 250 g Tomaten.

In einer gefetteten, ausgebröselten Tortenform wird der Reis flach auf den Boden gebracht. Darüber den Thunfisch, Oliven, Kapern und Sardellen verteilen. Die abgezogenen Tomatenscheiben darüberlegen. Gewürzten Sahneeierguß darübergießen. In die Röhre schieben, bei 250° 30 Minuten backen lassen. Bei Tisch Stücke wie von einer Torte herausschneiden.

6. Fischcurry »Mahatma«

700 g Fischfilet wie zum Gulasch in Stücke geschnitten, Salz, Zitronensaft, 1 1/2 l Currysauce (s. S. 79), 500 g heißer Butterreis, 50 g Butter.

Der Fisch wird in der heißen Butter 5 Minuten gedämpft. Die kochende Currysauce darübergießen, 5 Minuten kochen lassen. Fisch und Reis werden getrennt angerichtet.

7. Scampi als Schaschlik

Scampi, Zwiebelscheiben, magere Speckscheiben, im Quadrat von 3 cm geschnitten, Gurkenscheiben mit der Schale, Tomatenscheiben von kleinen festen Früchten, Öl, 500 g Curryreis (s. S. 85).

Abwechselnd aufspießen, wenig salzen und ca. 10 Minuten in heißem Öl braten.
Auf heißem Curryreis anrichten.

8. Krabbenragout, überkrustet

500 g gekochter Butterreis , 1/2 l Hollandaise (s. S. 80), 50 g Butter, 250 g Krabben, 4 Eßlöffel Madeira, 100 g geriebener Käse.

In der heißen Butter werden die Krabben angedämpft. Sie werden mit der Hollandaise in den Reis gemischt. Dieses Ragout in eine Schüssel füllen, mit geriebenem Käse überstreuen und langsam bei 250° überbacken.

9. Teufelstomatenfisch

500 g Tomatenreis (s. S. 89), 700 g Goldbarschfilet in Portionsstücke geteilt, Salz, Saft einer Zitrone, 3 Eßlöffel Weißwein, 2 Eßlöffel gehackte Petersilie, Käsesauce (s. S. 78).

Auf den heißen Tomatenreis wird der gewürzte Fisch gelegt. Die heiße Käsesauce darüberdecken. In die Röhre schieben und bei 250° 15 Minuten backen lassen. Grüner Salat als Beilage!

10. Aal in Dillsauce

1000 g möglichst frischen Aal in Stücke geschnitten, Salz, 3 Eßlöffel Zwiebelscheiben, Gewürzkörner, 3 Nelken, 1 Lorbeerblatt, 500 g Butterreis, 1 l Dillsauce (s. S. 77), 4 Eßlöffel Hollandaise (s. S. 80).

Der Aal wird mit den Gewürzen in kochendes Wasser gegeben, so daß das Fleisch bedeckt ist. Sobald er in ca. 30 Minuten fertig ist, wird mit dem Sud eine weiße Dillsauce bereitet. Den Aal in eine heiße Schüssel legen, unter die Sauce noch 4 Eßlöffel Hollandaise mischen. Den Fisch mit der fertigen Sauce begießen, dazu den trockenen Butterreis auftragen.

11. Steinbutt, indische Art

Pro Kopf 1 Stück Steinbutt von 200 g, in Salzwasser gekocht, 1 l Currysauce (s. S. 79), 500 g Butterreis, Mango-Chutney.

In die heiße Currysauce werden die fertigen, aber noch kernigen Steinbuttstücke eingelegt. Einmal aufkochen, dann anrichten. Den heißen Reis dazu und Mango-Chutney kalt als pikante, aromatische Beilage.

12. *Reisrand mit Muschelragout*

500 g ausgespülte Muscheln, gedämpft, $^{1}/_{2}$ l weiße Sauce mit gehackter Petersilie, 500 g Butterreis als Reisrand, 100 g Butter.

Die Muscheln in der heißen Butter andämpfen, die heiße weiße Petersiliensauce darübergießen. Einmal aufkochen lassen.
In der Mitte des heißen Reisrandes anrichten.
Tip für Reisrand: Auch Weinbergschnecken sind in der gleichen Art zuzubereiten. Krabben und Scampi sind dazu ebenfalls sehr gut geeignet.

13. *Fischkotelett, goldgelb gebraten*

Jedes gebackene Fischkotelett läßt sich wunderbar begleiten von einem saftigen Mayonnaise-Reissalat (131).

14. *Safranreis mit Räucheraal*

250 g Räucheraal, schon enthäutet und von den Gräten befreit, in Streifen geschnitten, 500 g Safranreis, $^{1}/_{2}$ l Choron (s. S. 81), 50 g Butter.

In der heißen Butter werden die Aalstreifen angeschwitzt. Dann unter den heißen Safranreis (s. S. 84) mischen. Die Sauce wird getrennt gereicht.

15. Scholle, gebraten, mit Reissalat (s. S. 131)

Pro Kopf eine 300 g schwere Scholle bratfertig, salzen und mit Zitronensaft beträufeln, 100 g Butter.

In der heißen Butter werden die Schollen beidseitig goldgelb gebraten. Auftragen mit dem saftigen Reissalat, der auf grünem Salat mit Tomatenscheiben liegt.

Altbekannte und neuentdeckte Reissalate

Hier haben wir ein herrliches Land entdeckt – in der zauberhaften Welt der Reisgerichte! Ein Reissalat, saftig und doch mit trockenen Körnern, belebt und ergötzt. Versuchen Sie es vor allem dann einmal, einen solchen Reissalat zu reichen, wenn es eigentlich Kartoffelsalat geben sollte. Am besten merkt man es beim Abendbrot, wie unbeschwert, ja angenehm gesättigt und trotzdem völlig leicht sich jeder nach einem pikanten Reissalat fühlt.

Es gibt so gut wie nichts, was man nicht mit ihm aufs köstlichste kombinieren könnte.

Eines allerdings ist große Voraussetzung, daß immer nur der locker, körnig gekochte Reis aus Nr. 1 verwendet wird.

Er ist sowohl für normale, pikante Salate, als auch für süße Kleinigkeiten wunderbar zu verbrauchen.

Fast jedes Rezept eignet sich in winzigen Portionen als Vorspeise. Größere Quantitäten bilden eine durchaus sättigende vollständige Mahlzeit, die besonders an heißen Tagen angenehme Abwechslung auf den Speiseplan bringt.

Bitte auch hier auf das nette Anrichten mit Salat und Tomaten achten.

Erst ein paar *Grundrezepte* für Reissalate:

1. *Reissalat »Samura«*

Die Salatsauce: 3 Eßlöffel feine Zwiebelwürfel, 1 Teelöffel Senf, 1 Prise Zucker, Salz, 5 Eßlöffel feinen Kräuter- und Weinessig, 6 Eßlöffel feinstes Speiseöl, 1 Teelöffel gehackte Petersilie, 1 Teelöffel feingeschnittener Schnittlauch, 1 Teelöffel gehackter Dill, 1 Teelöffel feingeschnittener Borretsch, 500 g gekochter Reis.

Aus allen Zutaten die Salatsauce mischen, dann den Reis daruntergeben. 20 Minuten stehen lassen. Zur Abwechslung können unter die Sauce einmal 2 Eßlöffel Tomatenketchup oder 2 Eßlöffel Sahne gerührt werden.

2. *Reissalat mit Mayonnaise*

500 g gekochter Reis, 6 Eßlöffel Mayonnaise.

Die Mayonnaise muß sehr gut und würzig abgeschmeckt werden mit Senf, Paprika, Zitronensaft, Salz und einer Prise Pfeffer. In die Mayonnaise den Reis geben und vermischt 20 Minuten ziehen lassen.
Beide Salate sind feine Beilagen für heiße Wurst, Deutsches Beefsteak, gebackenen Fisch, harte Eier und viele andere Gerichte, wo sonst nur Kartoffelsalat gereicht wurde.

3. Reissalat »Jambon«

6 Eßlöffel Reissalat Nr. 2, 1 Eßlöffel feine Gurkenstreifen, 3 Eßlöffel feine gekochte Schinkenstreifen. Mischen und 10 Minuten stehen lassen.

Anstelle von Schinken passen jeder kalte Braten, Wild- oder Geflügelreste, sowie Zunge oder Kasseler.

4. Reissalat »Charles«

5 Eßlöffel gekochter Reis, 1 Gervais, 3 Eßlöffel Sahne, 1 Eßlöffel feiner Schnittlauch, 2 Eigelb, Saft einer halben Zitrone, Salz.

Der Gervais wird mit der Sahne vermischt, darunter Eigelb, den Schnittlauch und Zitronensaft. Jetzt den Reis dazumischen.

5. Reissalat, bunte Art

6. Eßlöffel Reissalat Nr. 2, 1 Eßlöffel Karotten gewürfelt, 1 Eßlöffel Erbsen, 2 Eßlöffel Spargelstücke, 1 Teelöffel gehackte Petersilie.

Das gekochte Gemüse wird unter den Reissalat gehoben.
Er läßt sich sehr nett in halben ausgehöhlten Tomaten anrichten.

6. Reissalat nach der Försterin

6 Eßlöffel Reissalat Nr. 2, 3 Eßlöffel feingehackte Pfifferlinge, in Butter gedämpft, beides miteinander mischen.

Anstelle der Pfifferlinge passen auch sehr gut Champignons.

7. Geflügelsalat »Arno«

6 Eßlöffel Reissalat Nr. 2, 3 Eßlöffel feine Würfel von kaltem Hühnerfleisch, 2 Eßlöffel Ananaswürfel, 1 Eßlöffel feine rote Paprikaschotenwürfel.

Alles gut mischen.

8. Reissalat »Dewi«

6 Eßlöffel Reissalat Nr. 2, 1 Eßlöffel Mango-Chutney, 1 Teelöffel Currypulver.

In die Mayonnaise wird der Curry und das Mango-Chutney gerührt und mit dem Reis vermischt.

9. Rohköstlers Freude

6 Eßlöffel Reissalat Nr. 1, 4 Eßlöffel geraspelte Möhren, 1 Eßlöffel geraspelter Apfel.

Alles gut mischen.

10. *Zwiebelsalat*

6 Eßlöffel Reissalat Nr. 2, 3 Eßlöffel geraspelte, rohe feine Zwiebelwürfel.

Gut mischen.

11. *Blumenkohlsalat für den Rohköstler*

6 Eßlöffel Reissalat Nr. 2, 3 Eßlöffel geraspelter, roher Blumenkohl.

Gut mischen.

12. *Tomatensalat mit Reis*

10 Eßlöffel Reissalat Nr. 1, 500 g abgezogene Tomaten in Scheiben geschnitten.

Gut mischen.

13. *Sizilianischer Reissalat*

6 Eßlöffel Reissalat Nr. 1, 5 Eßlöffel abgezogene Tomaten in Scheiben, 3 Orangen, geschält, entkernt und fein geschnitten in Scheiben.

Alles gut mischen.
Es können auch Mandarinen oder Blutorangen genommen werden. Gut gekühlt schmeckt er am besten.

14. Südlicher Reissalat

6 Eßlöffel Reissalat Nr. 2, 3 Eßlöffel gehackte Senffrüchte.

Gut mischen.

15. Reissalat mit Thunfisch

6 Eßlöffel Reissalat Nr. 1, 3 Eßlöffel Thunfisch, zerkleinert, gut mischen.

16. Reissalat »Husum«

6 Eßlöffel Reissalat Nr. 2, 3 Eßlöffel Krabben.
Gut mischen.

17. Krebsschwanzsalat

6 Eßlöffel Reissalat Nr. 2, 12 Krebsschwänze darunter mischen.

Anrichten mit ein paar Krebsnasen.

18. Reissalat »Cuxhaven«

6 Eßlöffel Reissalat Nr. 3, 3 Eßlöffel entgrätete Fischreste, den Saft einer halben Zitrone.

Gut mischen.

19. Reissalat mit Muscheln

6 Eßlöffel Reissalat Nr. 2, 2 Eßlöffel gekochte, kalte, ausgepulte Muscheln.

Beides mischen.

20. Reissalat in Lachsröllchen

1 Scheibe Lachs, 1 Eßlöffel Reissalat Nr. 1.

Der Salat wird auf die Scheibe Lachs gefüllt, zusammengerollt und auf Salatblätter gelegt.

21. Reissalat »Don Pedro«

6 Eßlöffel Reissalat Nr. 1, 4 Ölsardinen.

Die Ölsardinen mit der Gabel zerdrücken und unter den Salat mischen.

22. Reissalat »Berta«

6 Eßlöffel Reissalat Nr. 2, 3 hartgekochte Eier in Scheiben geschnitten.

Die Eier werden unter den Salat gemischt.
Garnitur: 1 Scheibe Tomate und 1 Scheibe Ei.

Einige Vorschläge für Reissalate mit Früchten

1. *Reissalat für »süße Verbindungen«*

2 Eßlöffel gezuckerte feste Schlagsahne, 4 Eßlöffel Reis, gekocht nach S. 32, gut mischen, 1 Päckchen Vanillinzucker daruntergeben.

2. *Mittelmeerfruchtsalat*

15 Eßlöffel Reissalat Nr. 1, 1 Banane, 2 Orangen, 4 getrocknete Feigen, 4 getrocknete Datteln. Alles in Würfel geschnitten, 3 Eßlöffel Honig, Saft von einer Zitrone.

Unter den Salat wird der Honig und der Zitronensaft gemischt, dann kommen die Früchte darunter.

3. *Sonnenapfelsalat*

Unter den Reissalat von Nr. 1 werden die doppelte Menge Schlagsahne und 2 geriebene Äpfel gemischt, die vorher geschält und entkernt wurden, 1 Prise Zimt und 1 Päckchen Vanillinzucker werden als Gewürz daruntergemischt.

4. *Reissalat mit Bananen*

6 Eßlöffel Reissalat Nr. 1, 2 Bananen, 2 Eßlöffel Honig, Saft von 1 Zitrone, 2 Eßlöffel Eiercognac.

Bananen in Scheiben schneiden, mit Honig, Zitrone und Cognac unter den Reissalat mischen.

5. Reissalat mit Pfirsichen

6 Eßlöffel Reissalat Nr. 1, 2 Pfirsiche, in kleine Würfel geschnitten. Gut mischen.

Dieser Fruchtsalat kann auch in halbe Orangen oder Pampelmusen oder auch in kleine Melonen gefüllt werden.

6. Reissalat in der Melone

12 Eßlöffel Reissalat Nr. 1, 5 Eßlöffel kleine Melonenwürfel, 1 Päckchen Vanillinzucker, 1 Gläschen Bols Curaçao.

Alles gut mischen, den Salat in die halbierte, entkernte Melone füllen und in gehacktem Eis mit roten Kirschen garniert kalt servieren.

7. Sahnereis mit frischen Erdbeeren

Eine köstliche Vorspeise.

Pro Erdbeere 1 Eßlöffel Reissalat Nr. 1.

Auf Salatblatt eine kleine Kugel Reissalat anrichten, darauf eine Riesenerdbeere legen.

8. Aprikosenreissalat

6 Eßlöffel Reissalat Nr. 1, 2 Eßlöffel Aprikosenkonfitüre, gut mischen.

Übrigens sind so alle Marmeladen, Gelees und Konfitüren zu verarbeiten, sie ergeben reizvolle Vorspeisen, aber auch nette, rasch zu bereitende Süßspeisen.

9. Reissalat, finnische Art

6 Eßlöffel Reissalat Nr. 1, 3 Eßlöffel Preiselbeeren.

Gut mischen und kalt auftragen.

10. Reis mit Zitronenwürfeln

6 Eßlöffel Reissalat, 2 geschälte Zitronen, entkernt und klein gewürfelt, 4 Eßlöffel Zucker.

Die Zitronenwürfel gut gezuckert 10 Minuten ziehen lassen, dann unter den Salat mischen.

Reis für Vegetarier und Vitaminjäger

Wohl nirgends kommt die liebenswürdige, vielseitige Verwendbarkeit vom Reis so sprechend zum Vorschein wie bei den schönen Gerichten ohne Fleisch. Finden Sie nicht auch, daß er gerade in Verbindung mit den unzähligen sonnengereiften Gemüsen und den gartenfrischen Salaten in wunderbarer Weise seinen ganzen Zauber entfaltet?
Wir brauchen dazu den Reis, wie wir ihn bereits am Anfang zu kochen gelernt haben (s. S. 32). Allerdings können wir ihn hier, anstelle von Wasser, mit dem Gemüsewasser kochen.
Da bei diesen Gerichten der Reisrand eine besondere Rolle spielt, dürfen wir mit ihm beginnen.

1. Reisrand mit Spargelgemüse

Der heiße Reisrand (s. S. 32) wird auf die warme Platte gestürzt. In die Mitte wird das Spargelgemüse eingefüllt.
Spargelgemüse: Gekochte Spargelstücke mit weißer Sauce (s. S. 77) dick binden, einmal aufkochen und einfüllen. Frische gehackte Petersilie darüberstreuen und einige Tomatenwürfel.
Zum Reisrand eignen sich weiterhin Rosenkohl, Karotten, Möhren und Erbsen, Blumenkohl, Spinat, Wirsing, Lauchgemüse, Schwarzwurzeln oder Chicorée. Aufpassen, daß das Gemüse gut gebunden und die Sauce nicht zu lang ist.
Es kann natürlich ebenso das Gemüse gedünstet und, in Butter geschwenkt, in den Reisrand gefüllt werden. Für Pilzfreunde: Champignons, Pfifferlinge oder Steinpilze.

2. *Reis mit Auberginen oder Eierfrüchten*

4 Eßlöffel Öl, 4 Eßlöffel Zwiebelwürfel, 750 g Eierfrüchte, geschält und in Scheiben geschnitten, 300 g Tomaten, geschält und in Scheiben geschnitten, Salz, 1 Zehe Knoblauch, 2 Eßlöffel gehackte Petersilie, 500 g heißen Safranreis (s. S. 84).

In dem heißen Öl werden mit den Zwiebelwürfeln die Eierfrüchte und die Tomaten angedämpft. Die Gewürze dazu. Nach 15 Minuten, die Eierfrüchte müssen weich sein, wird die Petersilie daraufgestreut und das Gemüse mit dem Safranreis aufgetragen.

3. *Blumenkohl in Butterreis, überbacken*

In eine feuerfeste Schüssel, die gut gebuttert wurde, wird an den Rand ein dickes Reisbett gelegt. In die Mitte kommt der heiße, gekochte, gut abgetropfte Blumenkohl. Darüber die Käsesauce (s. S. 78) decken und im Ofen bei 250° goldgelb überbacken. Salatplatte dazu.

4. *Blumenkohl im Tomatenrand*

In die feuerfeste, gut gebutterte Schüssel wird am Rand ein Safranreispolster (S. 84) gelegt. In die Mitte kommt der heiße, gekochte, gut abgetropfte Blumenkohlkopf. Ringsherum werden mittelgroße Tomaten gelegt, die oben einen Kreuzschnitt erhalten haben. Über den Blumenkohl wird Käsesauce (s. S. 78) ge-

deckt, während die Tomaten eine dicke Butterflocke bekommen und ein wenig geriebenen Käse.
Alles bei 250° goldgelb überbacken.

5. Butterreis mit Tomatentulpen

In eine feuerfeste Schüssel wird eine Lage heißer Butterreis von 3 cm Höhe gelegt. Darauf werden mittelgroße Tomaten gelegt, die oben mit einem Kreuzschnitt versehen wurden. Die Tomaten etwas salzen, eine dicke Butterflocke drauflegen und in die Röhre schieben. Nach 10 Minuten, die Tomaten müssen weich sein, dürfen aber nicht zerfallen, ist das aromatische Gericht fertig.

6. Reistorte »Doria«

500 g Safranreis (S. 84) mit gekochten grünen Erbsen mischen, auf gebutterte feuerfeste Platte legen, darauf kommen: 2–3 frische Gurken, geschält und in fingerdicke Stifte geschnitten. In Butter andämpfen, mit wenig Dillsauce binden, einmal aufkochen, dann auf den Reis verteilen. Geriebenen Käse darüberstreuen und überbacken. (Dillsauce s. S. 77).

7. Das bunte Blumenbeet

500 g Curryreis (S. 85) werden heiß gemacht und auf gut gebutterter Platte flach verteilt. Kurz gebrühter Spinat, gut abgetropft, wird immer zu drei oder vier Blättern zusammengerollt und in den Reis hineinge-

steckt. Auf diese kleinen Spinatröllchen wird eine kleine Tomate gelegt. Das Ganze wird mit Butterflocken versehen und im Ofen zehn Minuten erhitzt. Dazu paßt ein knackender Gurkensalat mit viel Dill.

8. Chicorée, gefüllt mit Tomatenreis

Chicorée wird überbrüht, der Länge nach halbiert. In eine gebutterte Pfanne wird die eine Hälfte gelegt. Darauf wird heißer Tomatenreis (s. S. 89) getürmt. Darüber wird die zweite Hälfte gelegt. Alles wird mit Käsesauce (s. S. 78) überdeckt und in den Ofen geschoben. Sobald die Chicorée weich ist, nach ca. 25 Minuten, kann serviert werden.

9. Reiskrusteln mit Lauch, gebacken

500 g Tomatenreis (S. 89), 1/2 l weiße Sauce (s. S. 77), 300 g gedämpfter Lauch, in Streifen, Ei, Brösel, Fett.

In der heißen Sauce werden der Reis und der Lauch gebunden. Salzen, etwas Muskat dazu, einmal aufkochen und auf ein flaches, kalt gespültes Blech gießen. Glatt streichen. Am andern Tag werden daraus mit einem Messer, das in kaltes Wasser getaucht wird, kleine Stücke geschnitten, 3 cm breit und 5 cm lang. Sie werden paniert und in heißem Fett goldgelb gebraten. Grüner Salat schmeckt dazu gut.

10. *Die schöne Gemüseplatte*

Wir haben Karotten, Erbsen, Blumenkohlröschen, Pfifferlinge, Rosenkohl und Spargel gekocht und kurz in Butter heiß geschwenkt. Daneben haben wir Safran-, Tomaten- oder Butterreis heiß gemacht. Jetzt richten wir auf großer heißer Platte an: Reishügel, dazwischen die bunten Gemüse zu kleinen Buketts. Darüber gehackte Petersilie streuen und dazwischen Salatblätter legen. Kleine Tomaten kommen auf die Salatblätter.

Es kann zerlassene Butter oder Petersiliensauce dazu gereicht werden.

11. *Sellerieschnitzel mit Reissalat (s. S. 131)*

Gekochter, kalter Sellerie wird geschält und in fingerdicke Scheiben geschnitten, gesalzen, etwas Zitronensaft darübergeträufelt, dann wie ein Schnitzel paniert. Goldgelb in heißem Fett backen. Dazu den saftigen Reissalat mit Mayonnaise. Zeitdauer 10 Minuten.

Süße Schleckereien

»Bringt mir Honig und Reis um jeden Preis« sagte ein französischer Edelmann

Wie jedes ausgewogene gute Menü mit einer süßen Kleinigkeit festlich gekrönt wird, so kommen auch wir zu unserm süßen Schluß. Merkwürdigerweise haben die Völker des Nordens die wesentlichen zuckerigen Reisrezepte der Welt als Tafelfreuden geschenkt. Die Italiener wollen von gesüßtem Reis nicht viel wissen. Für sie ist schon der Gedanke daran unvorstellbar. Bei uns aber ist er so eingebürgert, daß jedes Buch über den Reis lückenhaft wäre, würde dieses Kapitel fehlen. Während Norddeutschland den Reis zum größten Teil in der trockenen körnigen Form als Beilage verbraucht, kocht ihn der Süden hauptsächlich mit Milch und Zucker zu dem berühmten Milchreis. Man könnte also wirklich sagen, der Main ist die süße Reisgrenze. Und deshalb dürfen wir hier auch mit dem klassischen Milchreis beginnen:

Abbildungen: 5. Käseschnitzel mit Reis (S. 74)
6. Reisrand mit Spargelgemüse (S. 142)
7. Pandurenkotelett mit Paprikareis (S. 64)
8. Gefüllte Paprikaschoten (S. 106)

1. *Milchreis – Kinderfreuden*

250 g Rundkornreis, gewaschen, 1 l Milch, 150 g Zucker, 1 Päckchen Vanillinzucker, 1 Zitronenschalenspirale, 1 Orangenschalenspirale, 1 Stück Zimt, 1 Prise Salz.

Der Reis wird drei Minuten in viel Wasser gekocht. Auf ein Sieb schütten und kalt abspülen. In die kochende Milch geben, mit allen Gewürzen. Langsam kochen, ab und zu rühren, bis der Reis weich ist. Dauer 25–35 Minuten. Dann die Gewürze herausnehmen, und der Milchreis ist fertig.
Er kann wesentlich verbessert werden, wenn 3 Eigelb darunter gerührt werden.
Meistens wird zerlassene Butter und Zimtzucker (auf 4 Eßlöffel Zucker 1 Teelöffel gestoßener Zimt, gut vermischt) dazu gereicht.
Zu diesem Milchreis passen alle Kompotte: Pflaumen, Apfelmus, Aprikosen oder was die Jahreszeit sonst noch an frischen Früchten bietet.

2. *Apfelreis »Jonathan«*

500 g geschälte, geviertelte entkernte Äpfel, 200 g gewaschene Rosinen und die Zutaten von Nr. 1.

Die Äpfel und die Rosinen kommen in die kochende Milch, wenn die Reismenge bereits 5 Minuten darin ist. Zeitdauer ca. 25–30 Minuten.

3. *Kürbisreis »Maluga«*

250 g frische Kürbiswürfel, geschält, werden wie die Äpfel zu dem Reis gegeben und mit den gleichen Zutaten wie Nr. 1 gekocht. Zeitdauer 25–35 Minuten.

4. *Ananasreis »Haiti«*

200 g Ananaswürfel werden unter den Reis gegeben, wie die Äpfel. Alle anderen Zutaten wie in Nr. 1. Hier kann auch der Ananassaft, vor allem wenn die Frucht aus der Konserve kommt, mitverkocht werden. Diese Menge kann an der Milch abgezogen werden. Zeitdauer ca. 25–35 Minuten.

5. *Bananenreis »Casdorff«*

10 Bananen in Scheiben geschnitten, werden wie die Äpfel in die kochende Milch gegeben, die anderen Zutaten wie in Nr. 1.

6. *Bananen, überglänzt auf Milchreis*

Milchreis von Nr. 1 wird auf eine flache Schüssel 2 cm hoch gestrichen. Pro Kopf wird eine geschälte Banane aufgeschnitten daraufgelegt und mit Zucker bestreut. Butterflocken darüber verteilen und im Ofen bei 250° überglänzen.
Am Tisch kann Weinbrand oder Pott-Rum darübergegossen werden, der dann angezündet wird.
Mit Pfirsichen, Aprikosen, Apfelscheiben, Ananas oder Orangen ist das gleiche Gericht zuzubereiten.

7. Birnen »Dewi Sri«

Aus dem heißen Milchreis werden kleine Hügel geformt, von denen immer zwei auf einen Dessertteller gelegt werden. Darauf kommt je eine schöne, große, halbe kalte Birne. Darüber wird dicker Himbeersaft gedeckt. Dem Saft können Liköre zugesetzt werden wie Cherry Brandy, Apricot oder Curaçao.
So sind alle Steinobst- oder Kernobstsorten zu verwenden.

8. Apfel »Lindau«

Pro Kopf wird ein schöner großer Bodenseeapfel im ganzen geschält und entkernt und dann in Zuckerwasser aufgekocht. Die Äpfel werden auf einen Sockel von Milchreis gesetzt; dort wo das Kerngehäuse saß, kommen gewaschene Rosinen hinein, und die Äpfel werden mit Preiselbeeren überdeckt. In den Ofen schieben, bei 200° 10 Minuten durchziehen lassen.

9. Piekfeiner Reispudding

125 g Reis, Langkorn, 3/4 l Milch, 4 Eier, Eigelb vom Weißen getrennt, 100 g Zucker, 1 Päckchen Vanillinzucker, 100 g Butter, 80 g Rosinen, gewaschen, 1 Zitrone, abgerieben, 1 Orange, abgerieben, 50 g grob gehackte, süße Mandeln, geschält, 1 Prise Salz.

Der Reis wird kurz aufgekocht, abgegossen und kalt abgespült, dann in die kochende Milch geschüttet, Zucker, Butter und Eigelb werden schaumig gerührt.

Sobald der Reis gar ist, nach ca. 25 Minuten, wird diese Mischung daruntergerührt. Nun kommen alle übrigen Zutaten hinzu, dann wird das steifgeschlagene Eiweiß (wenn es anfängt steif zu werden, werden 2 Eßlöffel Zucker mitgeschlagen) daruntergehoben. Diese köstliche Masse wird in eine Puddingform gefüllt, die gut gebuttert und reichlich mit Semmel- oder Zwiebackbröseln ausgestreut wurde. Im Wasserbad 90 Minuten kochen.
Der Pudding wird gestürzt und warm serviert mit Vanille- oder Schokoladensauce. Es paßt aber auch ein Kompott dazu. Dieser Pudding schmeckt auch kalt sehr gut, mit Rotweinsauce.

10. Vanillereispudding

1/2 l Milch, 1 Päckchen Vanillepuddingpulver, 200 g kalter, gekochter, körniger Reis (s. S. 32), 150 g Zucker, 1 Prise Salz.

Der Pudding wird gekocht. Sobald er aufgekocht hat, wird der Reis daruntergerührt. Einmal aufkochen, dann die Masse in kalt gespülte Formen füllen. Wenn er kalt und fest wird, wird er gestürzt und mit Schokoladen- oder Fruchtsauce serviert.

11. Schokoladenreispudding

Zu den Zutaten von Nr. 10 werden 50 g Kakao genommen, die in die heiße Milch gerührt werden. Sonst die Zubereitung wie in Nr. 10. Dazu kann Vanillesauce gegeben werden.

Es kann auch Schokoladenpuddingpulver genommen werden, dann erübrigt sich die Zugabe von Kakao.

12. Reis Trautmannsdorf

Milchreis von Nr. 1, 1/2 l Schlagsahne steif geschlagen, 1 Päckchen Vanillinzucker dazugeben. 4 Tassen gewürfelte Früchte, (rote Kirschen, Pfirsiche, Aprikosen, Birnen, Ananas, Orangen).

Der Milchreis wird kalt locker gerührt. Die Schlagsahne darunterziehen mit den Früchten. Diese Masse wird in Tassen gedrückt, die kalt ausgespült wurden. Auf kleine Teller stürzen. Vorher wird der Reis gut gekühlt. Es kann ein kräftiger Schluck Maraschino oder Apricot darunter gerührt werden.

13. Süßer Reis auf russische Art

1/2 l Weißwein, 150 g Zucker, 4 Eier, Milchreis (Menge von Nr. 1 kalt, aber locker gerührt).

Der Weißwein wird mit dem Zucker und den Eiern im heißen Wasserbad so lange geschlagen, bis er dick wird. Diese Sauce wird unter den lockeren Milchreis gerührt. Sofort servieren.

14. Reiscreme, kalt

Unter die fertige Masse von Nr. 12 werden 1 1/2 Päckchen Regina-Gelatine aufgelöst, leicht eingerührt. Die

Masse in kleine, kalt gespülte Formen füllen und kaltstellen. Wenn die Creme steif ist, kann sie gestürzt werden.

15. *Süße Reiskroketten*

Der Milchreis von Nr. 1 wird, sobald er fertig ist, auf ein flaches Blech gestrichen, 3 cm hoch. Das Blech muß vorher kalt gespült sein. Am nächsten Tage werden aus dieser Masse Stücke geschnitten von 3 cm Breite und 5 cm Länge. Das Messer dabei in kaltes Wasser tauchen. Die Stücke werden paniert, wie ein Schnitzel. Dann in heißem Fett goldgelb backen. Dazu paßt jedes Kompott. Zur Abwechslung können unter diese Krokettmasse auch einmal Rosinen oder gehackte Mandeln (oder beides) gemischt werden.

16. *Acht-Schätze-Reis aus China*

Dies ist eines der wenigen süßen Reisrezepte aus China.

250 g Reis, Langkorn ausnahmsweise, $1^{1}/_{2}$ l Milch, 1 Prise Salz, 100 g Zucker, 3 Eßlöffel entkernte gewürfelte Datteln, 2 Eßlöffel kandierte Kirschen, gewürfelt, 2 Eßlöffel entsteinte Pflaumen, 2 Eßlöffel Orangeat, klein gewürfelt. 2 Eßlöffel Zitronat, klein gewürfelt, 3 Eßlöffel geschälte, grob gehackte Mandeln, 2 Eßlöffel Walnüsse, grob gehackt, 3 Eier, das Weiße davon zu festem Schnee.

Der Reis wird gut gewaschen, kurz einmal in Wasser aufgekocht. Im Sieb kalt abspülen, dann in die kochende Milch geben mit allen Zutaten, außer den Eiern. Sobald der Reis weich ist, nach ca. 25 Minuten, wird das Eigelb daruntergerührt, dann der feste Schnee. Die Masse wird in die vorbereitete Puddingform gefüllt, dann 1 1/2 Stunden im Wasserbad gekocht.

Diese Reisspeise wird warm gegessen, schmeckt aber auch noch kalt sehr gut.

17. Marzipanreis

150 g Marzipanmasse, 2 Tassen Sahne, Milchreis Nr. 1.

Die Marzipanmasse wird mit der Sahne glatt gerührt und unter die warme Milchreismasse gemischt.

Zur Abwechslung können diesem Reis Rosinen und Mandeln oder Nüsse, gehackt, zugesetzt werden. Er schmeckt übrigens auch sehr gut mit Schokoladensauce.

18. Bienenhonigreis

Unter den warmen Milchreis von Nr. 1 wird Bienenhonig gemischt, pro Kopf 1 Eßlöffel. Dazu kommt Saft von 3 Zitronen. Ein außerordentlich gesunder Reis, vor allem für Kinder.

19. Milchreisscheiben, gebacken

Der Milchreis von Nr. 1 wird in eine kalt gespülte Kastenform gefüllt. Am nächsten Tage stürzen und Scheiben aus der Masse schneiden. Sie werden paniert wie Schnitzel und in heißem Fett goldgelb gebacken. Dazu paßt jedes Kompott.

20. Reisfritters

200 g Reis, $^{1}/_{4}$ l Milch, 1 Ei, 3 Eßlöffel Mehl, 1 Prise Salz.

Das Mehl wird mit Milch, Ei und Salz glatt angerührt. Darunter werden 200 g kalter gekochter Reis gemischt. Aus dieser Masse werden in heißem Fett kleine Küchlein gebacken, so wie kleine Pfannkuchen, aber nur so viel Masse, wie in einen Eßlöffel geht. Goldgelb aus der Pfanne nehmen, ein wenig abtropfen lassen und mit Zimtzucker bestreuen.

21. Reisschmarren

Die Masse von Nr. 20, 50 g Rosinen, 50 g gehackte Mandeln.

Die Masse wird in eine große, heiße, gut gebutterte Pfanne gegossen. Ein wenig anbacken lassen, dann die Rosinen und die Mandeln darauf streuen. Mit zwei Gabeln den Kuchen in kleine Stücke reißen. Goldgelb backen und auf kleine Teller verteilen. Einen Spritzer Apricot darüber und mit Zimtzucker bestreuen.

22. *Reissalat mit Ananas*

200 g kalter, gekochter Reis Nr. 1 der Grundrezepte, 1 Tasse Ananassaft, 4 Scheiben Ananas geschnitten.

Alles gut durchmischen. Kalt stellen.
Dieser Salat kann in halbe Orangen gefüllt werden.
Wenn 3 Eßlöffel steife Schlagsahne daruntergemischt werden, wird der Salat zu einem Sonntagssalat! Andere Früchte wie Bananen, Pfirsiche, Erdbeeren eignen sich ebenfalls dazu.

23. *Finnischer Weihnachtsreis*

Unter die Milchreismasse von Nr. 1 werden zwei Mandeln versteckt. Wer sie findet, wird im kommenden Jahr heiraten.

24. *Reisauflauf*

125 g Reis, Rundkorn, 1/2 l Milch, 100 g Butter, 4 Eier, 100 g Zucker, 1 Päckchen Vanillinzucker.

Der Reis wird wie Milchreis (s. S. 148) gekocht. Die Butter mit dem Zucker schaumig rühren, daruntermischen. Den festen Schnee darunterheben. Diese Masse wird in eine Auflaufform gefüllt, mit Butterflocken besetzt und im Ofen bei 200° gebacken. Zeitdauer ca. 45 Minuten.
Der Reis kann mit Sultaninen vermischt oder lagenweise mit gedämpften Apfelscheiben eingefüllt werden. Üppigerweise überzieht man die eingefüllte Reis-

masse mit einer Schicht Aprikosenmarmelade. Darauf streicht man einen Guß von geschlagenem Eiweiß und Zucker, bestreut ihn mit Mandelstiften und bäckt den Auflauf wie oben.

Zur Anregung ein paar einfache Rezepte für süße Saucen

1. *Rotweinsauce* – 3 Teile Wein, 1 Teil Wasser, Zucker nach Geschmack, etwas Stangenzimt, Zitronenschale, 1 Nelke und ein Teelöffel Mondamin aufkochen, abseihen und einen Schuß Rum beigeben.
2. *Apfelsauce* – Apfelmus mit Apfelsaft oder Sahne verdünnt.
3. *Preiselbeersauce* – Preiselbeeren verdünnt mit Johannisbeersaft.
4. *Aprikosensauce* – entweder Aprikosenkonfitüre verdünnt mit Saft, oder ganze Früchte durch ein Sieb gedrückt.
5. *Honigsauce* – Honig mit Sahne verdünnt, ein wenig Orangen- oder Zitronensaft daruntermischen.

Wir backen mit Reis

Auch zum Backen brauchen wir einen lockeren, trockenen, körnigen Reis. Wie er gekocht wird, wissen wir bereits. Zum Backen aber benötigen wir eine andere Geschmacksrichtung, deshalb müssen wir uns noch mit einigen Tricks vertraut machen. Wichtig ist, daß die Gebäcke saftig und pikant werden.

1. Reis kochen zum Backen

125 g Rundkorn-Reis, 100 g Zucker, 1 Päckchen Vanillinzucker, 1 Stück ganzen Zimt, 1 Zitronenspirale, ebenso von einer Orange, $^{1}/_{2}$ l Milch, 1 Prise Salz.

Der Reis wird gewaschen, dann mit allen Gewürzen in die kochende Milch geschüttet. In 20 Minuten ist er fertig.

2. Reis-Ananastorte

Zu den Zutaten von Nr. 1 werden 200 g Ananaswürfel mitgekocht, es kann auch der Saft dazu genommen werden, dann aber die entsprechende Milchmenge weniger. 20 Minuten Kochzeit.

Wenn der Reis gekocht ist, werden 3 Eigelb darunter gerührt, dann der steife Schnee von 3 Eiweiß.
Auf einen gebackenen Mürbeteigboden wie zu einer Obsttorte wird Johannisbeergelee gestrichen, dann wird die warme Reismasse hineingefüllt. Glatt streichen. Wenn sie kalt ist, mit Glasur bestreichen. 1 Tasse Puderzucker wird mit 3 Eßlöffel heißer Milch aufgelöst. Wenn die Torte in Stücke eingeteilt ist,

werden auf jedes ein Keil Ananas und 1/2 rote Kirsche gelegt.
Die gleiche Masse ist in derselben Weise auf kleine Torteletts zu füllen. Genauso sind Äpfel, Aprikosen und andere Früchte zu einer schmackhaften Torte zu verwenden.

3. Zitronenreistorte

125 g Rundkorn-Reis, gewaschen, 1/2 l Weißwein, 1 Zitronenspirale, 150 g Zucker, 1 Mürbeteigboden.

In den kochenden Weißwein wird der Reis mit dem Zucker geschüttet. 20 Minuten kochen lassen. Vom Feuer nehmen, und nach 2 Minuten in die warme Masse 3 Eigelb und den Saft von 3 Zitronen rühren. Dann den steifen Schnee von den 3 Eiern darunterheben. Einen Mürbeteigboden mit Erdbeerkonfitüre bestreichen und darauf die warme Reismasse füllen. Glatt streichen. Wenn die Masse kalt ist, mit Zuckerglasur bestreichen und auf jedes Stückchen (die Torte wird eingeteilt) 1 Stückchen Zitrone legen.
Wenn auf die gleiche Weise eine Orangentorte zubereitet wird, muß allerdings der Saft von 6 Orangen hineingenommen werden.
Auch aus dieser feinen Reisfruchtkombination lassen sich Torteletts füllen.

4. Reiskuchen auf dem Blech

Reis (Menge und Zubereitung wie Nr. 1), 1 Mürbeteigboden, 4 Eßlöffel Aprikosenmarmelade.
Guß: 2 Eigelb, 2 Eiweiß, 2 Eßlöffel Zucker.

Ein Kuchenblech wird mit Mürbeteig belegt und kurz (5 Minuten) angebacken. Der Boden wird mit Aprikosenmarmelade bestrichen. Auf den Boden wird die Reismasse von Nr. 1 gestrichen, möglichst 3 cm hoch. Darauf wird folgender Guß gebracht: 2 Eigelb werden mit 2 Eßlöffel Zucker schaumig gerührt, Eiweiß zu festem Schnee schlagen, zum Schluß 3 Eßlöffel Zucker mitschlagen, die Eigelb daruntermischen, und diesen Guß auf die Reismasse gleichmäßig verteilen. Bei 200° 15 bis 20 Minuten backen.

5. Reiskuchen mit Früchten

Wir verfahren so wie in Nr. 4. Auf den Mürbeteigboden werden die Früchte verteilt. Äpfel, Kirschen, Mirabellen oder was das Jahr gerade bietet. Darauf die Reismasse verteilen und darüber den Guß. Bei 200° 25 Minuten backen. Dieser Kuchen schmeckt auch warm vorzüglich.

6. Frische Himbeertorte

Auf einen Mürbteigboden, 5 Minuten vorgebacken, wird die Reismasse Nr. 1 verteilt, 1 cm hoch. Darauf werden frische, gut gezuckerte Himbeeren gelegt, dann der Guß von Nr. 4 gestrichen. Bei 200° 15 Minuten backen.

Genauso können Stachelbeeren, Johannisbeeren und Brombeeren genommen werden.

7. Bunte Obsttorten mit Geleeguß

Auf die fertig gebackenen Mürbeteigböden wird 1 cm hoch kalte Reismasse von Nr. 1 gestrichen. Darauf wird Obst gelegt, dann mit Geleeguß überglänzen.

8. Reisschnitten mit Rosinen

Auf ein Kuchenblech werden 5 cm breite, dünne Streifen aus Mürbeteig gelegt. 5 Minuten bei 200° backen. Auf die Streifen wird Aprikosenkonfitüre gestrichen. Darauf wird Reismasse Nr. 1 2 cm hoch gestrichen. Darüber wird eine dünne Decke von Mürbeteig gelegt, mit Eigelb bestrichen und bei 250° 15 Minuten gebacken. Noch warm kommt Zuckerglasur darüber. Kalt wird dieser Streifen in kleine Schnitten aufgeteilt.

9. Reiskrusteln

Die Reismasse Nr. 1 wird noch warm auf ein flaches Blech, das vorher mit kaltem Wasser feucht gemacht wurde, ca. 3 cm hoch aufgestrichen. Ausgekühlt werden aus dieser Masse kleine Formen ausgestochen oder Rauten geschnitten. Sie werden mit Zucker bestreut und im Ofen bei 250° goldgelb überkrustet.
Warm mit Kompott ist es eine hübsche Dessertüberraschung.

10. *Reistorte mit Bananenpüree*

Einen Mürbeteigboden 5 Minuten backen, dünn mit Erdbeerkonfitüre bestreichen. Reis von Nr. 1 darauf 2 cm hoch verteilen. Darüber wird folgende Bananencreme gestrichen:

8–10 Bananen mit 4 Eigelb, 5 Eßlöffel Zucker und Saft von 2 Zitronen, 3 Eßlöffel Honig gut glatt rühren. Mit Zucker bestreuen oder mit dem Guß von Nr. 4 bestreichen und bei 200° in 15 Minuten abflammen.

Zum Schluß noch eine belgische Spezialität

11. *»Flan de Riz« oder belgischer Reisfladen*

Ein Mürbeteig ohne Zucker wird flach in eine Tortenbodenform gelegt. 5 Minuten bei 200° backen. Jetzt wird die warme Reismasse von Nr. 1 hineingefüllt, glattgestrichen und mit Butterflocken dicht übersät 20 Minuten backen, mit Zucker bestreuen. Es können 200 g Rosinen und 50 g gehackte Mandeln unter den Reis gemischt werden. Der Fladen wird kalt gegessen.

So kocht man Reis in aller Welt

Willst du die Seele eines Volkes kennenlernen, dann mußt du mit ihm essen und trinken, was die Landschaft dir bietet.

Die Beschäftigung mit der Ernährung der Menschheit gehört zu den schönsten und aufschlußreichsten. So wie viele Leute von ihren Reisen Andenken und Souvenirs mit nach Hause bringen, sammelte ich Rezepte – sozusagen meine kulinarischen Reis(e)erinnerungen. Aus diesem großen Schatz habe ich für Sie eine Anzahl leckerer Reisrezepte herausgesucht. In einigen Fällen sind die Zutaten ein wenig auf unsere hier erhältlichen abgeändert worden. Denn ein Rezept, was Sie nicht nachkochen können, ist wertlos.
Lassen Sie sich bitte nicht durch die fremden Namen irritieren. (Sie sind nach ihrer geographischen Bezeichnung alphabetisch angeordnet.) Erproben Sie die Rezepte, sie sind alle einfach und schmackhaft.

1. Reis aus Armenien

50 g Olivenöl, 4 Eßlöffel Zwiebelwürfel, 3 Knoblauchzehen gerieben, 250 g Hühnerleber in grobe Stücke geteilt, 3 Eßlöffel Madeira, Salz, 1 Prise Cayenne, 250 g Reis, Langkorn, 3/4 l Fleischbrühe.

Im Öl werden Zwiebeln und Knoblauch hellblond gedämpft, die Leber darauf, 2 Minuten mitgedämpft, dann mit Madeira abgelöscht. Würzen, sofort den Reis dazugeben, 2 Minuten heiß werden lassen, mit der kochenden Fleischbrühe auffüllen. Zugedeckt in die heiße Röhre (bei 250°) stellen, und die Küchenuhr auf 20 Minuten einstellen. Vor dem Auftragen mit der Gabel lockern.

2. *Reis aus Athen*

100 g Olivenöl, 3 Eßlöffel Zwiebelwürfel, 500 g Reis, Langkorn, 200 g rote Pfefferschoten in Streifen geschnitten, 1 1/2 l Fleischbrühe, 3 Paar Bratwürste, in heißem Wasser gebrüht, dann in Scheiben geschnitten, 100 g feine grüne Erbsen, 2 Köpfe Salat, in Streifen geschnitten, 1 Prise Salz.

In dem heißen Olivenöl werden die Zwiebelwürfel angedämpft, dann der Reis und die Pfefferschoten dazugeben. Nach 3 Minuten die kochende Fleischbrühe auffüllen, die Wurstscheiben dazugeben und in der heißen Röhre bei 250° zugedeckt 20 Minuten dämpfen lassen. Jetzt werden die Erbsen und die Salatstreifen mit der Gabel daruntergezogen.

3. *Reis aus Beirut*

50 g Olivenöl, 30 g Lammfleisch, klein gewürfelt, aus dem Bug oder dem Hals, 4 Eßlöffel Zwiebeln, 3 Zehen Knoblauch, gerieben, 50 g grüne, 50 g rote Pfefferschoten, in feine Streifen geschnitten, 10 Tomaten, abgezogen, in breite Streifen geschnitten, 100 g Rosinen, 100 g Mandeln geschält, grob gehackt, 500 g Reis, Langkorn, 1 1/2 l Fleischbrühe.

Im heißen Öl wird das Fleisch mit den Zwiebeln, Knoblauch und den Pfefferschoten ca. 20 Minuten gedämpft. Tomaten, Rosinen, Mandeln und den Reis dazugeben, 5 Minuten mitdämpfen lassen, dann die kochende Fleischbrühe auffüllen. Zudecken, 20 Minuten in die heiße Röhre schieben.

4. Tschakkum Bili aus Georgien

1 rohes Hähnchen in gulaschgroße Stücke geteilt, 3 Eßlöffel Zwiebelwürfel, 50 g Schweinefett, 1 Sellerieknolle, 2 Karotten und 3 saure Gurken geschält und klein gewürfelt, 3 Tassen Kürbis, geschält und klein gewürfelt, 1 Prise Salz, 1 Lorbeerblatt, 1 l Fleischbrühe, 250 g Reis, Langkorn, 1 Tasse Sahne.

Im heißen Fett werden das Geflügelfleisch und die Gemüsewürfel angedämpft. Nach 10 Minuten kommt der gewaschene Reis dazu und die kochende Fleischbrühe. Zudecken und im Ofen bei 250° 25 Minuten dämpfen lassen, nachwürzen. Am Tisch wird die Sahne daruntergezogen.

5. Huhn wie in Honolulu, in der Kokosnuß

1 l Hühnerbrühe, 4 Eßlöffel Gustin, 1 Tasse Milch, um es anzurühren, 1 kg Suppenhuhn gekocht, das Fleisch von den Knochen gelöst und in Streifen geschnitten, 100 g Champignons, geviertelt, 4 Scheiben Ananas, 1/2 Tasse Sahne mit 2 Eigelb vermischt, 9 kleine Leberknödel (s. S. 109), 150 g gekochter Schinken, in Streifen geschnitten, 50 g geriebene Kokosnüsse, also Kokosraspeln, Safranreis, S. 84.

Die kochende Hühnerbrühe wird mit dem kalt angerührten Gustin gebunden. Das Huhnfleisch, die Champignons und die Ananas werden mit der Sauce einmal aufgekocht. Vom Feuer nehmen und in die Sauce das Eigelb, vermengt mit der Sahne, hineinrühren. Dieses feine Ragout wird in halbierten Kokosnüssen angerichtet. Inzwischen werden die Leberknödel mit den Schinkenstreifen in etwas Butter warm geschwenkt. Sie werden über das Ragout gegeben. Darauf die in Butter angerösteten Kokosraspeln streuen. Der Safranreis wird heiß gemacht und getrennt dazu serviert.

6. Kickedi aus Indien

250 g Reis, Langkorn, 3 Eßlöffel Zwiebelwürfel, 250 g süße Mandeln, grob gehackt, 1 Messerspitze Safran, 50 g Butter, 1 Prise gestoßene Nelken, 1 Prise Macisblüte, 1 Prise Sulz, 1 Prise gestoßener Zimt, 1/2 l Kokosmilch, 50 g Sultaninen.

Der gewaschene Reis wird mit den Gewürzen, Mandeln und Sultaninen angedämpft, dann sofort mit der kochenden Flüssigkeit aufgefüllt und zugedeckt im Ofen 20 Minuten gedämpft. Mit der Gabel durchlockern. Eine reizvolle Beilage für viele Gerichte.

7. Reis, wie ihn die Japaner gerne zubereiten

500 g Langkornreis, 1 Prise Salz, Wasser.

Der Reis wird so lange gewaschen, bis das Wasser klar bleibt. Dann wird er in den Topf geschüttet, in dem er gekocht werden soll. Kaltes Wasser daraufschütten, so daß er bedeckt ist, es kann einen Finger hoch über dem Reis stehen. So soll er 2 Stunden quellen. Jetzt wird der Topf auf kleine Flamme gestellt und zugedeckt. In

10 Minuten ist er nun gar. Den Reis auf ein Sieb schütten, kalt abspülen, dann in den heißen Ofen schieben, wenig salzen und heiß werden lassen. Als Beilage zu allen Gerichten.

8. Javanisches Huhn in Curry

1 Suppenhuhn gekocht und ausgebeint, 1 l Currysauce (s. S. 79), Beilage Reis (S. 32), Mango-Chutney und 8 gedämpfte Tomaten.

Der Reis wird im Reisrand auf einer warmen Platte angerichtet, in der Mitte das Huhn mit Currysauce, außen die Tomaten mit dem Mango-Chutney.

9. Kasapski Djuvec aus Jugoslawien

100 g Lamm, 100 g Schwein, 100 g Kalb, 100 g Rind, 100 g rohes Huhnfleisch, alles in kleine Würfel geschnitten, 500 g Tomaten, abgezogen, in Streifen geschnitten, 200 g grüne Pfefferschoten entkernt und in Streifen, 100 g Eierfrüchte, geschält und in Streifen geschnitten, 100 g Kartoffeln geschält und klein gewürfelt, 200 g Zwiebeln in Scheiben, 100 g Schweinefett, 250 g Reis, Langkorn, 4 l Fleischbrühe, gehackte Petersilie.

In dem heißen Schweinefett werden der Reihe nach Zwiebeln, Rind-, Huhn- und das andere Fleisch mit wenig Salz angedämpft. Nach 10 Minuten kommen die Gemüsestreifen dazu. Zudecken, 10 Minuten dämpfen. Reis und Kartoffeln hineingeben, umrühren, mit der kochenden Fleischbrühe auffüllen, ca. 30 Minuten langsam kochen. Reichlich gehackte Petersilie daraufstreuen.

10. *Reisgericht aus Kalkutta*

250 g Hühnerfleisch, gekocht, in Würfel geschnitten, 4 Eßlöffel Zwiebelwürfel, 1 Eßlöffel Curryextrakt, 1 Prise Salz, 4 Eßlöffel Kokosraspeln, 100 g Butter, 300 g Langkorn-Reis, gewaschen, 3 Äpfel, geschält und entkernt, dann in Streifen geschnitten, 1 l Fleischbrühe, Mango-Chutney, Ingwerpflaumen.

In der heißen Butter werden die Zwiebeln, dann das Hühnerfleisch, die Gewürze und die Kokosraspeln angedämpft. Reis und Äpfel beigeben und nach 3 Minuten die kochende Fleischbrühe auffüllen, zudecken, im heißen Ofen bei 250° bis zu 20 Minuten durchdämpfen lassen, mit der Gabel lockern. Mango-Chutney und geschnittene Ingwerpflaumen dazugeben.

11. *Risotto aus Mailand*

500 g Rundkornreis (am besten Vialone), 50 g Butter, 50 g Rindermark, gewässert, 1/8 l Weißwein, 100 g geriebener Käse, 1 Prise Safran, 1 1/4 l Fleischbrühe, 3 Eßlöffel Zwiebelwürfel.

In der heißen Butter und dem Mark werden die Zwiebeln blond gedämpft. Den Reis dazugeben, kurz dünsten, Wein zugießen, Safran in der Fleischbrühe auflösen, kochend über den Reis geben. Umrühren und zudecken. Im Ofen bei 250° 20 Minuten dämpfen lassen. Vor dem Servieren den Käse mit der Gabel darunterziehen.

Dieser Risotto wird noch besser, wenn eine gute Hühnerbrühe zum Auffüllen genommen wird. Sehr fein wird er, wenn vor dem Auftragen noch 100 g geschnittene weiße Trüffeln in Butter angedämpft und darübergestreut werden. Allerdings können wir hier Champignons nehmen, sie schmecken genausogut.

12. *Rempahs Palawan von Manila*

1 gekochtes Suppenhuhn, ca. 1500 g schwer, ausgelöst, ebenso die Hühnerleber, -magen, -herz, 4 Eßlöffel Zwiebelwürfel, 3 Eßlöffel Mehl, 3 Eier, 3 in Milch eingeweichte Brötchen, Salz, Pfeffer, Öl.

Die Brötchen ausdrücken und mit dem Fleisch durch die feine Scheibe drehen. Die Zwiebelwürfel in Öl andämpfen, ohne daß sie Farbe annehmen, mit Eiern und Mehl unter die Masse mischen, würzen, gut kneten. Daraus werden kleine Kugeln von 3 cm Durchmesser geformt. Sie werden in die kochende Hühnerbrühe gelegt, und wenn sie oben schwimmen, vom Feuer genommen; einige Minuten ziehen lassen. Bitte vorher eine Probe machen. Sollten sie noch nicht halten, kann noch ein wenig Semmelmehl oder 1 Ei daruntergemischt werden.

Die Sauce:

4 Tassen Zwiebelwürfel, 2 Tassen Senfgurken, fein gehackt, 1 Tasse Mango-Chutney, fein gehackt, 10 abgezogene Tomaten entkernt, 3 Eßlöffel Öl, Hühnerbrühe.

Im heißen Öl werden alle Zutaten 5 Minuten durchgedämpft, erst die Zwiebeln, dann die anderen dazugeben. Ein wenig auffüllen mit Hühnerbrühe, Abschmecken.

Reisrand: 500 g heißer Reis (S. 32), 100 g geriebener Käse, 60 g rote Paprikaschoten, in Streifen geschnitten.

Diese Zutaten werden unter den heißen Reis gemischt und in die kalt gespülte Reisrandform gedrückt. Auf warme Platte stürzen und in die Mitte die Fleischkügelchen legen, die Sauce darübergießen.

13. Reisrand aus Mexiko City

2 Eßlöffel Olivenöl, 3 Eßlöffel Zwiebelwürfel, 2 Knoblauchzehen zerrieben, 250 g Reis, Langkorn, 3/4 l Fleischbrühe, 1 Tasse feine grüne Erbsen, 100 g Krabben, 100 g Thunfisch zerkleinert, 300 g rote Pfefferschoten in Streifen geschnitten, 50 g Butter, 1 Tasse Sahne, 2 Eßlöffel Tomatenketchup.

Im heißen Öl Zwiebel und Knoblauch andämpfen, den Reis dazugeben und durchrühren. Die kochende Fleischbrühe auffüllen. Die weiteren Zutaten: Erbsen, Krabben und Thunfisch mit hineingeben. Der Reis

wird zugedeckt im Ofen bei 200° 20 Minuten gedämpft.
Inzwischen werden die Pfefferschoten in Butter angedämpft, 5 Minuten später die Sahne und Tomatenketchup dazugegeben. Mit Salz und einer Prise Zucker würzen. Sobald der Reis fertig ist, in den Reisrand drücken, auf eine warme Platte stürzen und in die Mitte die Pfefferschotenstreifen füllen.

14. *Hähnchen Mulligatawny*

2 bratfertige Hähnchen, in Stücke geteilt zu 5 cm im Quadrat, 50 g Butter, 1 Eßlöffel Zwiebelwürfel, 200 g Lauch in Streifen, 100 g Sellerieknolle in Streifen, 1 Eßlöffel Currypulver oder Curryextrakt, 1 Prise Salz, 1 Lorbeerblatt, 3 Nelken, 2 Eßlöffel Gustin, 1 Tasse Milch, 1 Tasse Sahne, 1 l Fleischbrühe.

Die Hähnchenstücke werden mit dem Gemüse in der Butter angedämpft. Nach 10 Minuten kommen die Gewürze dazu und die kochende Fleischbrühe. Langsam kochen. Nach 30 Minuten spätestens ist das Fleisch weich. Mit einer Gabel herausstechen. Die Brühe wird mit dem angerührten Gustin gebunden und die Sahne hinzugegeben. Dazu wird Reis gereicht nach S. 32.

15. *Persisches Huhn*

500 g gekochtes Hühnerfleisch in Streifen geschnitten, 1 Tasse Zwiebelwürfel, 50 g Öl, 500 g Butterreis, 1 Prise Salz, 1 Prise Safran, 2 Eßlöffel Rosinen, 3 Eßlöffel gehobelte Mandeln.

In heißem Öl werden die Zwiebeln und die Hühnerstreifen angedämpft. Die Mandeln, die Rosinen und die Gewürze dazugeben, zuletzt den Reis. Umrühren und heiß werden lassen.

16. *Persische Lammschulter*

100 g Butter, 500 g Zwiebeln gewürfelt, 500 g Lammschulter ohne Knochen in kleine Würfel geschnitten, Salz, 1/2 Teelöffel Curry, 1 Prise Pfeffer, 3 Zehen Knoblauch, gerieben, Fleischbrühe, 1 Tasse Joghurt, 3 Eßlöffel Sahne, 3 Eßlöffel gehackte Haselnüsse, 2 Eßlöffel gehackte Mandeln, 500 g Butterreis, in reicher Butter heiß geschwenkt.

In der Butter werden die Zwiebelwürfel mit dem Fleisch angedämpft. Würzen und die heiße Fleischbrühe daraufgießen. Nach 30 Minuten ist das Fleisch gar. Joghurt und Sahne dazu und kochend mit angerührtem Gustin dicken. Die Sauce darf nicht zu dick und nicht zu dünn sein. Jetzt die Nüsse und die Mandeln dazugeben. Das Fleisch wird in der Sauce in einer Schüssel aufgetragen und der trockene Reis extra dazugereicht.

17. *Reis aus Rio de Janeiro, Yambala*

100 g Butter, 4 Eßlöffel Zwiebelwürfel, 125 g magerer, gekochter Schinken in Streifen, 3 rote und 3 grüne Pfefferschoten in Streifen, 1 Knoblauchzehe, 1 Prise Paprika, 500 g gekochtes Huhn, in Streifen geschnitten, 500 g Butterreis, 200 g Spargelspitzen, Tomatensauce (s. S. 76).

In der heißen Butter werden Zwiebeln, Schinken, Pfefferschoten, Gewürze und das Huhnfleisch angedämpft. Der Reis wird nach 5 Minuten dazugegeben und mit durchgedämpft. Das Ganze wird auf warmer Schüssel angerichtet, darüber werden die in Butter heißgemachten Spargelspitzen gestreut.
Tomatensauce dazureichen.

18. Camaro aus São Paulo

3 l Hühnerbrühe, Salz, Muskat, 300 g Reis (Langkorn), gekocht, 1 Suppenhuhn, gekocht und ausgelöst, dann in Streifen geschnitten, 250 g Lauch, in der Hühnerbrühe mitgekocht und in Streifen geschnitten, gehackte Petersilie.

In die passierte, gut abgeschmeckte heiße Hühnerbrühe kommen der Reis, das Hühnerfleisch und der Lauch. Einmal aufkochen. Vor dem Auftragen die gehackte Petersilie darüberstreuen.

19. Risotto alla Serena

50 g Butter, 3 Eßlöffel Zwiebelwürfel, 500 g Reis, 1 Zehe Knoblauch, gerieben, 1 Prise Salz, 150 g enthäutete Tomaten in Streifen, 200 g Krabben, 1 l Fischbrühe, $^1/_8$ l Weißwein, 1 Eßlöffel gehackte Petersilie, 50 g Butter und 50 g geriebener Käse.

In der heißen Butter werden die Zwiebelwürfel und der Reis angedämpft. Die Gewürze, die Tomaten und die Krabben dazugeben. Mit der kochenden Fischbrühe und dem Weißwein auffüllen, zudecken und in den heißen Ofen schieben. Nach 20 Minuten ist das Gericht fertig. Jetzt werden die Petersilie und die weiteren 50 g Butter daruntergezogen. Vor dem Auftragen den geriebenen Käse daraufstreuen und mit grünem Salat servieren.

20. Bahuri aus Siam

250 g Schweinelendchen enthäutet in kleine Würfel geschnitten, 3 Eßlöffel Zwiebelwürfel, 50 g magerer Speck gewürfelt, 50 g Öl, 4 Scheiben Ananas gewürfelt, 3 Eßlöffel Mango-Chutney, 500 g heißer Butterreis, 200 g Fischfilet in Streifen geschnitten, Pfannkuchenteig von 1 Ei.

Die Fleischwürfel werden mit den Zwiebeln und Speckwürfeln im heißen Öl angedämpft, nach 10 Minuten die Ananas und Mango-Chutney dazugegeben. Etwas Fleischbrühe auffüllen. Nach 10 Minuten ist das Fleisch fertig.

Inzwischen wird der Fisch in Pfannkuchenteig getaucht und in heißem Öl schwimmend goldgelb gebacken.

Nun wird der heiße Reis in einer großen Schüssel angerichtet. Erst wird das Fleisch darübergegeben, dann die Fischstreifen. Soyasauce dazugeben, die es fertig zu kaufen gibt.

21. *Reis aus Singapur*

2 Eßlöffel Zwiebelwürfel, 50 g Öl, 1 Tasse Reis Langkorn, 1 Eßlöffel gehackte Mandeln, 1 Eßlöffel Rosinen, 1 Eßlöffel Gewürz, bestehend aus Zimt, Nelken, Safran, Salz, 3 Tassen heiße Fleischbrühe, 4 harte Eier, frisch gekocht.

Im heißen Öl werden die Zwiebeln glasig gedämpft, der Reis, die Rosinen, Mandeln und die Gewürze dazugegeben. Die kochende Fleischbrühe darübergießen, umrühren, zudecken und 20 Minuten bei 250° in die Röhre schieben. Danach die Kasserolle herausnehmen, mit der Gabel den Reis lockern und in eine vorgewärmte Schüssel füllen. Mit den halbierten harten Eiern garnieren.

22. *Spanischer Hühnerreis*

4 halbe Hühnchen, bratfertig, 5 Eßlöffel Olivenöl, 5 Eßlöffel Zwiebeln, gewürfelt, Salz, 2 Knoblauchzehen, 10 Tomaten enthäutet, gewürfelt, 300 g geschnittene frische Champignons, 250 g grüne und rote Pfefferschoten, in Streifen geschnitten, 500 g Reis, 1 Döschen Safran, $1^1/_2$ l Fleischbrühe.

Die geteilten Hühnchen im heißen Olivenöl anbraten. 5 Minuten braten lassen, geriebenen Knoblauch, Zwiebeln, die Champignons, die Pfefferschoten, die Tomaten und zum Schluß den Reis hinzufügen. Alles 2 Minuten dämpfen, den Safran dazugeben, gut umrühren, die kochende Fleischbrühe daraufgießen, durchrühren, salzen, zugedeckt 25 Minuten kochen lassen. Danach Butterflöckchen daraufgeben und 10 Minuten ziehen lassen.

23. Der Reisberg aus Syrien

500 g trockenen, heißen Reis (S. 32), 300 g mundgerechte Stücke von gedämpftem Huhn, 300 g mundgerechte Stücke von gedämpftem Hammel, 200 g Sultaninen, 100 g grob gehackte Mandeln.

Alle diese Zutaten werden möglichst trocken unter den Reis gemischt und hügelförmig auf einer großen Schüssel angerichtet.
Beim Essen schiebt einer dem anderen die besten Stücke zu. Bei uns mit der Gabel, in Syrien mit der Hand.

24. Wiener Reisfleisch

150 g Schweinefleisch klein gewürfelt, aus der Lende oder dem Nacken, 150 g Kalbfleisch aus dem Bug oder der Lende, 5 Eßlöffel Zwiebelwürfel, 100 g magerer Speck gewürfelt, 2 Zehen Knoblauch gerieben, 500 g Reis, Langkorn, Salz, Paprika, 100 g geriebener Käse, 1½ l Fleischbrühe.

Das Fleisch wird mit dem Speck und den Zwiebeln ca. 15 Minuten angedämpft. Erst die Gewürze, dann den Reis dazugeben. Ca. 5 Minuten durchdämpfen, dann die kochende Fleischbrühe auffüllen. Zudecken, in den Ofen bei 250° schieben. Nach 20 Minuten herausnehmen und den geriebenen Käse mit der Gabel darunterziehen.

25. Polnisches Zwiebelgemüse mit Reis

20 g Fett, $1^{1}/_{2}$ Pfund Zwiebeln, 1 rote Paprikaschote, $^{1}/_{8}$ l saure Sahne (oder Sauermilch, oder Buttermilch), Salz, Mehl nach Bedarf, gehackte Petersilie.

Kleine gleichmäßige Zwiebeln schälen, Paprika achteln und im heißen Fett unter Wenden bei mäßiger Hitze anbraten, bis Zwiebeln goldgelb sind. Danach Sahne und Salz hinzufügen und auf kleiner Flamme 10 Minuten garziehen lassen, etwas Mehl überstäuben und durchschwenken. Mit Petersilie bestreut zu einem Reisgericht (s. S. 32) reichen.

So kocht ihn Amerika

Nordamerika, noch mehr Kanada, ist das Land der mutigen Küchenkombinationen. Genauso wie nur dort das Mixgetränk aufkommen konnte, weil sich eben auch fast alle Völker der Welt dort zusammenfanden, genauso beweist man täglich großen Mut in der Komposition von Nahrungsmitteln. Hier kennt man im allgemeinen keine Tradition und keine kulinarischen Gesetze. Man stellt Kaltes und Warmes, Süßes mit Salzigem und Saurem zusammen. Auch aus diesen Kombinationen hat Europa schon manches Anregende übernommen. Warum also sollen wir uns nicht von diesen Gerichten einmal das eine oder andere zubereiten?

1. *Steak Chicago*

1 Filetsteak von 200 g pro Kopf, 500 g heißer Curryreis, s. S. 85, Tomatensalat, mit Dill angemacht, 50 g Fett.

Die Steaks werden leicht gesalzen und rasch im heißen Fett in der Pfanne auf beiden Seiten ziemlich dunkel angebraten, ca. 4 Minuten auf jeder Seite. Auf einem Teller werden der heiße Reis, das frische Steak und der Tomatensalat auf grünen Salatblättern angerichtet.

2. *Kalifornische Reismahlzeit*

300 g Butterreis, gesalzen, 3 halbe kalifornische Pfirsiche oder Aprikosen, kalt, 3 Scheiben warme oder kalte Pökelzunge.

Ein reizvoller Teller, für den Sommer kalter Reissalat, s. S. 131 für den Winter heißer Reis mit warmer Zunge. Mit Radieschen schmücken!

3. Eier mit Reis, Illinois

Pro Kopf: 100 g Butterreis mit gehackter Petersilie, 2 harte Eier, Käsesauce s. S. 78.

Der heiße Reis wird auf den Teller gegeben. 4 halbe Eier heiß daraufgelegt und darüber die heiße Käsesauce gegeben. Mit frischem Kressesalat und Tomatenscheiben schmücken.

4. Ohio Puterreis

4 Eßlöffel Zwiebelwürfel, 1 Knoblauchzehe, 50 g Butter, 300 g Puterfleisch gekocht oder gebraten, von den Knochen gelöst, in grobe Würfel geschnitten, 3 Eßlöffel Tomatenmark, 100 g gekochter Reis, kalt (S. 32), Muskat, Salz, 50 g geriebener Käse.

Den Knoblauch und die Zwiebel andämpfen, das Fleisch daraufgeben, das Tomatenmark dazu und schließlich den Reis. Sobald er warm ist, auf einer Platte anrichten, glattstreichen und den geriebenen Käse darüberstreuen. Im heißen Ofen überbacken. Übrigens, dieses Gericht schmeckt auch sehr gut mit Hühnerfleisch oder anderem Fleisch.

5. Reis aus Texas

500 g Butterreis (S. 32), 100 g Butter, 250 g Zwiebelringe, 100 g grüne Pfefferschoten, in Streifen geschnitten, Salz, 4 Eßlöffel Tomatenmark, 2 Tassen kondensierte Milch.

In der Butter werden die Zwiebeln und die Pfefferschoten 5 Minuten gedämpft. Diese dürfen keine Farbe annehmen. Das Tomatenmark dazurühren, mit der Dosenmilch auflösen. Jetzt den Reis hinzu, und alles gut heiß werden lassen. Im heißen Ofen 10 Minuten dämpfen.
Dieser Reis schmeckt auch sehr fein, wenn 100 g geriebener Käse darübergestreut werden und sich also eine Kruste bildet.

So kocht ihn China

Kenner der chinesischen Küche sagen, die Kunst des chinesischen Kochens bestehe darin, ein Huhn so zuzubereiten, daß es wie Schweinefleisch schmeckt und das Schweinefleisch so, daß es wie Huhn schmeckt. Eines steht fest, daß die Chinesen die besten Köche der Welt hervorgebracht haben. Auch heute noch ist ihre Küche hervorragend und von einer beispielhaften Abwechslung. Dabei leicht und gesund.

Es ist keineswegs ganz richtig, wenn man annimmt, daß die chinesische Mahlzeit ausschließlich aus Reis besteht. Gewiß, Reis ist ein Hauptbestandteil. Aber ein Festmahl mit vielen, meistens 10–20 Gängen, führt ihn nur am Rande, weil sonst von den anderen Köstlichkeiten nicht genug genossen werden könnte.

Die Chinesen kennen den Reis in drei verschiedenen Hauptformen.

1. Morgens zum Frühstück, als Wassersuppe. Sie meinen, damit erfrischen sie den Gaumen und den Körper. Er wäscht alles, was sich während der Nacht in der Mundhöhle angesammelt haben könnte, hinunter.

In viel Wasser wird Langkornreis gekocht.

Verhältnis: 200 g Reis, 1½ l Wasser, 1 Prise Salz. Der Reis wird vorher mehrmals gewaschen.

2. Als Beilage zu dem vielen Fleisch und Gemüse sowie zu Fischgerichten wird er trocken und körnig gekocht wie auf S. 32. Manche dämpfen ihn in einem Reisdämpfer, die meisten kochen ihn so wie im Grundrezept angegeben.

3. Dieser Reis ist dicker als die Wasserreissuppe und nicht so körnig wie der unter Nr. 2 erwähnte. Es ist die Hauptnahrung der ärmeren Bevölkerung. Meistens

werden süße Kartoffeln in der unter 1 angegebenen Suppe mitgekocht, damit sie gehaltvoller wird.
Einige chinesische Reisrezepte haben wir für Sie hier ausprobiert, die Sie unbedingt einmal versuchen sollten.

1. *Gebratener Reis mit Eiern*

500 g Reis, gekocht nach Rezept S. 32, 100 g Butter, 4 Eßlöffel Zwiebelwürfel, 8 Eier aufgeschlagen.

In der heißen Butter werden die Zwiebeln hell angedämpft, dann wird der Reis dazugegeben. Er kann ruhig ein wenig Farbe bekommen, ähnlich unseren Bratkartoffeln. Wenn der Reis heiß und gut gebraten ist, die aufgeschlagenen Eier darüberschütten und ein wenig durchrühren, bis die Eier fest geworden sind.
Über diesen gebratenen Reis ein wenig Soyasauce träufeln, die man fertig kaufen kann.

2. *Gebratener Reis mit Schinken*

Richten Sie sich bitte nach dem 1. Rezept und geben Sie zu den Zwiebeln noch 200 g gekochten Schinken, gewürfelt. So ist dieses schmackhafte Gericht unserm Bauernfrühstück ähnlich, welches bei uns mit Kartoffeln anstelle von Reis zubereitet wird.

3. *Krabbenreis*

Zu den Zwiebeln wie in Nr. 1 mischen Sie 300 g Krabben aus der Dose, vorher abgespült. (Es können auch entsprechend Scampi oder Krebsschwänze genommen werden.) Die weitere Behandlung wie in Nr. 1.

4. *Reissuppe Kanton*

50 g magerer Speck in Würfeln, 150 g Hühnerfleisch gekocht, 100 g gekochter Schinken, beide in Streifen geschnitten, 300 g gekochter Reis S. 32, 2 l Fleischbrühe, am besten Hühnerbrühe, 1 Glas Sherry.

In dem Speck, der angebraten wurde, werden das Hühnerfleisch und der Schinken kurz angebraten. Dann den Reis dazugeben und die heiße Brühe auffüllen. Einmal aufkochen lassen, abschmecken und 1 Glas Sherry dazuschütten.

5. *Reis aus Peking*

50 g Butter, 3 Eßlöffel Zwiebelwürfel, 100 g ganz fein geschnittenes Kalbfleisch, Lende, 100 g ganz fein in Streifen geschnittenes Schweinefleisch, Lende, 250 g frische Champignons, 1 Teelöffel Gustin, 500 g Reis, gekocht nach S. 32.

In der heißen Butter werden die Zwiebeln mit dem Fleisch angedämpft. Etwas salzen. Nach 10 Minuten die Champignons hinzugeben. Zugedeckt 10 Minuten dämpfen. Die Sauce wird mit kalt angerührtem Gustin ein wenig gebunden. Inzwischen wird der Reis heiß in eine Schüssel gefüllt, das Fleisch mit den Pilzen darübergeschüttet und 15 Minuten in die heiße Röhre gestellt. Vor dem Auftragen reichlich gehackte Petersilie darüberstreuen.

6. Eierreis mit Huhn und Gemüse »Gi Tsee Tschan Fann«

400 g gekochter kalter Reis, Nr. 1, 200 g gekochtes kaltes Huhn, in Streifen geschnitten, 200 g Gemüsestreifen gedämpft (Zwiebeln, Möhren, Lauch, Weißkohl), 100 g Butter, 8 Eier, aufgeschlagen, Salz und Muskat.

In der heißen Butter wird das Fleisch und das Gemüse erhitzt. Den Reis dazugeben, würzen, und wenn alles heiß ist, die aufgeschlagenen Eier darübergießen. Sobald sie fest sind, das Gericht auf eine warme Platte geben und mit gehackter Petersilie überstreuen.

7. Ma Schi Gan Fann

Es ist das gleiche wie Nr. 6, allerdings ohne Gemüse, Zubereitung genauso.

Die märchenhafte Indische Reistafel

»Im geheimnisvollen Zauber der Reistafel spiegelt sich die Seele des Ostasiaten!« sagt ein berühmtes Wort und erweckt in uns den Wunsch, Gast zu sein an einer Tafel, die uns gelassen empfängt und nach Stunden verzaubert entläßt. Eines Tages wird uns dieser Wunsch erfüllt, und nun ist es um uns geschehen! Wir können diese wundervolle Mahlzeit nicht mehr vergessen und, aus den Tropen zurückgekehrt, suchen und finden wir einige der heißen Gewürze und Zutaten auch hier und bereiten »unsere Reistafel« nach besten Kräften. Vielleicht gehen wir vorher noch ein wenig nach Holland in die Schule, in eines dieser kleinen spezialisierten Restaurants, dessen Besitzer vor Jahren auf Java die Reistafel zubereiten lernte. Die große Indische Reistafel stammt nämlich aus Ostindien und wurde besonders in den ehemals holländischen Kolonien kultiviert und ausgebaut.

Aber nicht nur in Holland findet man sich zu diesem Festmahl zusammen; man begegnet den Freunden der Reistafel auch in England und noch viel näher: bei uns in den Hansestädten, wieder. Kaufleute und Matrosen, die längere Zeit tropische Länder bereisten, erzählen sich ihre Abenteuer bei diesem Zeremoniell, das viele Erinnerungen aufs schönste wieder wachruft. Bei der christlichen Seefahrt kommt fast in jeder Woche eine »zünftige« Reistafel auf den Tisch. Auch wenn diese kleine Seemannstafel der großen indischen Schwester um einiges nachsteht, kann man sie doch wärmstens empfehlen, weil sie ohne irgendwelche Schwierigkeiten in jedem Hause bereitet werden kann. Die Rezepte dazu folgen am Ende dieses Kapitels. Scheut man allerdings die große Mühe einer stundenlangen Zubereitung, mag man seine Gäste in ein erstklassiges Hotel oder Restaurant führen, bei dem man die Reistafel vorher bestellte. Leider gibt es aber in Deutschland wenige Häuser, die uns diesen Genuß bieten.

Setzen Sie sich nun mit mir in Andersens fliegenden Koffer und lassen Sie uns Kurs nehmen nach Ostindien – eine echte Reistafel erwartet uns dort! Sie fragen nach dem Gastgeber? Ein einfacher Mann wird es gewiß nicht sein, auch nicht einer, dem wir den Titel »wohlhabend« zugestehen würden. Nein, er ist ganz einfach reich, sehr reich sogar, vermutlich ein Nabob oder ein Maharadscha! Es ist ihm ein leichtes, mindestens fünfzehn »Jongens« (indische Diener) zum Servieren der Gerichte aufmarschieren zu lassen.

Der freundliche Gastgeber erwartet uns in der Zeit zwischen 12 Uhr mittags und 15 Uhr Landeszeit. Seine Diener führen uns in einen ziemlich schmucklosen Raum an kleine, weißgedeckte Tische. Wir bemerken die große Höhe dieses Saales, in dem die Luft gut zirkuliert, und hören das leise Gesumm der Ventilatoren. Wir sind leicht bekleidet und empfinden jeden Luftzug als außerordentlich wohltuend. Über die kühlen Steinfliesen des Bodens huschen beinahe lautlos die nackten, dunkelhäutigen Füße der Diener.

Das leuchtende Weiß ihrer Kleidung steht in schönem Gegensatz zu dem bunten, malerischen Tuch, Stangan Kapala genannt, das kunstvoll gebunden um den Kopf getragen wird. Ihre Augen glänzen, aber verraten nichts von ihrer Gedankenwelt. Die Diener sind freundlich und liebenswürdig, auf der rechten Hand

tragen sie geschickt mit schlanken, langfingrigen Händen Schüsseln und Platten.
Betrachten wir unser Gedeck. Es besteht aus einem großen Suppenteller und zwei kleinen Porzellantellern, deren Größe etwa der unserer Kuchenteller entspricht; als Besteck dienen Suppenlöffel und Gabel. Es ist alles bereit, laßt uns beginnen!
Der Diener, der den Reigen eröffnet, bringt uns einen köstlichen, trockenen, lockeren, schlohweißen Reis. Dieser Reis steht im Mittelpunkt der ganzen märchenhaften Mahlzeit. Wie könnte es auch anders sein? Benannte man doch dies Gericht mit bis zu fünfundsiebzig (jawohl, fünfundsiebzig!) Beilagen nach seinem Namen. Er dampft und duftet – nach vielem und nach nichts, er ist die Inkarnation des Reises schlechthin.
Wir nehmen reichlich, gerne und ohne Zwang. So ist es auch richtig. Sobald die Schüssel leer ist, huscht ein Diener in die Küche und holt neuen, frischen, heißen Reis, der ihm dort von Frauen gegeben wird. Denn merkwürdigerweise ist die Zubereitung der Reistafel das Vorrecht von Köchinnen. Sie sind in einer besonderen Küche untergebracht und haben mit dem übrigen Küchenbetrieb gar nichts zu tun. Eine solche Reistafelköchin ist eine angesehene und hochgeachtete Person! Umgeben von vielen flinken und fleißigen Mädchen, von denen manche den Ehrgeiz hat, auch einmal eine so gesuchte Kochkünstlerin zu werden, gleicht sie einem weiblichen Dirigenten.
Aus den Händen dieses Küchenkollegiums empfangen unsere huschenden Diener nun Platte auf Platte, Beilage auf Beilage.

Bevor wir sie aber kosten, möchte ich Ihnen schnell noch etwas über die Grundlagen der Reistafel sagen. Am wichtigsten ist frisches Kokosnußfett, in dem und mit dem sehr viele Beilagen zubereitet werden. Ebenso Lombok – hier stoßen wir schon auf einen der vielen interessanten fremden Namen. Hinter ihm verbirgt sich eine kleine rote Pfefferschote, deren Rot zwar nicht so feurig wie bei der uns bekannten Paprikaschote leuchtet – es ist gedämpfter –, deren Schärfe unsere Pfefferschote aber übertrifft.

Nun beginnt die große Polonaise der Speisen. Unserem Ring gesellen wir aus der zweiten dargebotenen Schüssel Saijoor zu. Es ist eine Gemüsesuppe, die himmlisch duftet! Der dritte Diener reicht uns geschmorte, goldgelbe Hühner, fein in Stücke zerschnitten. Die vierte Schüssel präsentiert uns kleine gedämpfte Fleischklößchen in der Form eines Eies. An fünfter Stelle erscheinen Kroepoek (Krevetten, Krusteln), eine Krabbenart. Dazu serviert man rohe Gurkenscheiben. Sechstens erfreut man uns mit kleinen Fleischspießchen, Sateh genannt. Die Fleischstückchen sind auf dünne Bambusstäbchen aufgereiht und ziemlich scharf auf Holzkohlenfeuer gebraten. Vorzüglich schmecken uns dazu verschiedene Ketchups. Jetzt folgt eine Platte mit Spiegeleiern. Diese indischen sind aber in frischem Kokosnußfett gebraten. Nun folgen wieder Platten aus dem Märchenland: gebackene Goldfische (eine Makrelenart) und danach geröstete Kokosnußspäne mit halbierten, hartgekochten Enteneiern. Als zehnte Platte werden wiederum gebackene Krevetten gereicht. Dazu gibt es eine Art Pfannkuchen, in die auch Krevetten eingebacken wurden. Hierauf wird ein Omelett mit gedämpftem Fenchel herumgereicht ... Weit gefehlt, wenn wir glauben, nun schon den Löwenanteil der Mahlzeit hinter uns zu haben! Man bringt uns eilfertig Gado Gado. Hinter diesem klangvollen Namen verbirgt sich – nein, lesen Sie es im Rezeptteil nach! Auch Deng Deng, das nun folgende gebackene Büffelfleisch, spricht seinen Namen doppelt aus und nährt in uns den Gedanken, einen doppelt so großen Magen zu haben! Denn nun merken wir, daß all diese Schüsseln und Platten als Ouvertüre, als anregende Vorspeisen zu betrachten sind. Sie leiten eigentlich nur die königliche Hauptplatte ein, Sambel genannt. Was Sambel wirklich ist, mögen die nachfolgenden Rezepte erklären.

Kurz vor unserer endgültigen Kapitulation bringt unser Diener die Schlußspeise, den Nachtisch: Atjar Atjar. Es ist eine hübsche Zusammenstellung vieler pikant säuerlicher und süß-säuerlicher Erfrischungen, ebenfalls am Schluß des Kapitels nachzulesen.

Glauben Sie mir nun, daß es unmöglich ist, eine solche Mahlzeit jemals zu vergessen?

Ehe wir nun zu den Rezepten für die einzelnen Schüsseln und Platten kommen, dürfen wir noch einen Augenblick über die Gewürze sprechen. *Lombok* haben wir schon kennengelernt. Vielleicht sollten wir ihn noch mit dem Cayennepfeffer vergleichen, der farblich ähnlich ist, aber geschmacklich schärfer. *Trassie* ist eine Paste, aus Krevetten zubereitet. *Kemirie* sind mandelähnliche Nüsse. *Koentjic,* ein Knollengewürz, das der Ingwerknolle ähnelt, doch wesentlich milder.

Laos ist ebenfalls eine Knolle und genauso heiß und scharf wie Ingwer. *Djenten* ist eine Art Kümmel, *Sere* eine Blattpflanze, aus deren Blättern das duftende Sere-Öl hergestellt wird. *Diroek* ist eine kleine Pomeranzenart, eigentlich eine kleine Java-Zitrone. *Salam* gleicht unserem Lorbeer, man könnte sagen, indisches Lorbeerblatt. *Kangkoeng* ist eine Wasserkresse, die unserer sehr ähnelt mit ihrem feinen, bitteren Geschmack. *Sooen,* eine feine Fadennudelart, die aus Tapiokamehl hergestellt ist. *Curry* ist eine Gewürzmischung aus verschiedenen Zutaten. Viele ostindische Köchinnen und Köche haben ihre eigene Mischung, die sie immer erst frisch reiben und mischen, wenn sie Curry brauchen. Currypulver, was wir hier kaufen können, setzt sich meistens so zusammen: Cayennepfeffer, Koriander, Kurkuma (davon hat das Gewürz seine Farbe), Ingwerwurzel, Kümmel, Kardamom, Muskatblüte, Nelken, Pfeffer und Zimt. Ist schon das Currypulver eine angenehme, niemals kratzende Würze, so ist Curryextrakt noch wesentlich feiner und intensiver als Gewürz. Wollen Sie also einmal eine Currysauce bereiten, dann nehmen Sie bitte immer den Curryextrakt, der viel aromaaktiver ist als das trockene Pulver, weil er feucht ist und das gut abschließende Öl alle flüchtigen Aromastoffe festhält, um sie später an die Speisen weiterzugeben.

Und nun die Rezepte:

Den trockenen Reis haben wir schon kennengelernt (s. S. 32), er wird heiß aufgetragen.

Saijoor

Es ist eine Gemüsesuppe, die jede Köchin anders macht. Gewöhnlich werden zwei Suppen gereicht, eine mit und eine ohne Curry. Sie enthält Streifen von Weißkohl, Lauch, Sellerie, grüne, braune und weiße Bohnen, Erbsen und Fadennudeln, Tapioka-Kartoffelwürfel und Reis-Gewürze, die wir gerade besprochen haben. Sie ist ziemlich flüssig und regt den Appetit an.

Geschmorte Hühner

Sie sind in Stücke geteilt und goldgelb gedünstet, mit verschiedenen Gewürzen, auch etwas Curry. Als Fett wird das Kokosnußfett genommen.

Fleischklößchen

Sie sind, wie schon erwähnt, in der Form eines großen Eies. Aus Kalbfleisch, mit feinen Zwiebeln und Kräutern gewürzt, werden sie in Fett gedämpft, ohne daß sie Farbe annehmen.

Kroepoek

ist ein knuspriges Gebäck von rötlicher Farbe. Es ist fertig zu kaufen. Die einzelnen Scheiben werden in heißes Fett oder Öl gelegt, wo sie sehr rasch ungeheuer aufgehen. In 2–3 Minuten werden sie wie feinporige Schwämme und knusprig wie goldgelber Zwieback. Diese Beilage gibt der Zunge ein wenig Ruhe und macht sie aufnahmefähig für die kommenden Genüsse.

Sateh

Kleine flache Fleischstücke aus Hammel- oder Rindfleisch, in der Größe, wie wir es vom Schaschlik her kennen. Sie werden auf dünne Bambusstäbchen gesteckt. Salz und Pfeffer würzt das Fleisch, und geröstet wird es auf munterem Holzkohlenfeuer. Es wird Ketchup dazu gegeben.

Sateh ist eine sehr beliebte kleine Fleischspeise, und man kann sie überall auf den Straßen bekommen. Tag und Nacht flitzen die fliegenden Köche durch die Gegend und bieten sie an. So ein Garkoch trägt am einen Ende eines dicken Bambusstabes ein kleines Öfchen mit glühender Holzkohle und am andern ein Kästchen, in dem Satehstäbchen liegen. Frisch gebraten schmeckt Sateh herrlich knusprig. Solche Köche sind stets in eine angenehm duftende Wolke eingehüllt.

Geröstete Kokosnußspäne

Nur frisch geraspelte Kokosnuß eignet sich dafür. Mit Erdnußkernen und etwas Zucker werden sie in wenig Fett goldgelb geröstet. Sie duften herrlich, schmecken wundervoll.

Gebackene Krevetten

Diese krabbenähnlichen Gebilde werden in aufgeschlagenem Ei gedreht, in Panierbrot gewälzt und in heißem Kokosnußöl goldgelb gebacken. Auch ein Gaumenjubel!

Gado Gado

Weißkohl, etwa $^{1}/_{2}$ Kopf, wird in dicke Streifen geschnitten und mit einem Sträußchen Kangkoeng, dieser der Wasserkresse ähnlichen Pflanze, ca. 30 Minuten zusammen gekocht. Dann wird er auf einer warmen Platte angerichtet und darüber heiße Bohnenkeime gegeben. Es folgen einige geröstete Erdnüsse, etwas Kroepoek und ein paar gehackte harte Eier.

Über alles wird folgende Sauce gegossen: 1 Eßlöffel Trassie, 1 Eßlöffel in Streifen geschnittener Lombok, 1 Prise Salz, 1 Prise Zucker, 2 Eßlöffel Essig und $^{1}/_{2}$ l Kokosnußmilch.

Deng Deng

sind kleine dünne Fleischstückchen, aus der Büffelkeule geschnitten. Sie werden an der Sonne getrocknet, mit Knoblauch, Djenten und Laos gewürzt und schließlich in heißem Kokosnußöl ziemlich trocken gebacken.

Sambel oder Samballan

Sie besteht aus vielen kleinen Schüsseln, die verschieden zusammengestellt sein können. Meistens aber enthalten sie:

Gekochte Geflügelleber und Geflügelmagen, in dünne Streifen geschnitten, vermischt mit Sambelsauce. Gekochter Lauch in Streifen, vermischt mit Sambelsauce. Harte Eier in Achtel geschnitten, mit Sambelsauce bedeckt. Grüne Bohnen, klein geschnitten, mit Sambelsauce bedeckt. Weißkohl gekocht, in Streifen geschnitten, mit Sambelsauce bedeckt. Gebratenes Huhn, entbeint und klein geschnitten, angeröstet und mit Sambelsauce übergossen. Hammelfleisch in dünne Scheiben geschnitten, gebraten, mit Sambelsauce bedeckt. Krevetten gebraten, mit Sambelsauce bedeckt. Oft sind auch kleine Fische, in frischem Kokosnußöl gebraten, mit Sambelsauce bedeckt, dabei.

Die Sambelsauce wird folgendermaßen zubereitet:

4 Kemirie, fein geschnitten, 3 Eßlöffel Schalotten, 4 Lombok in dünnen Streifen, 1 Salamblatt in dünnen Streifen, 2 Sere ebenfalls in Streifen geschnitten, 2 Eßlöffel Tamarindenwasser, 1/2 l Kokosnußmilch.

Knochblauch, Schalotten und Kemirie werden in Kokosöl angeröstet, Lombok hinzugefügt und 5 Minuten mitgedämpft. Jetzt Salam und Sere und danach die Flüssigkeit dazugeben. 1 Prise Salz und 1 Prise Zucker; alles gut durchkochen und auskühlen lassen. Diese Sauce wird immer nur kalt über die einzelnen Schüsseln gegossen. Nach dieser ein wenig scharfen

Platte sehnen sich Zunge und Gaumen nach dem süßen Abschluß, der nun aber in:

Atjar Atjar besteht. Die wörtliche Übersetzung lautet »Saures«.

Eine große Platte mit kleinen Schälchen, die folgendes enthalten:

Rote Rüben, Gurkensalat mit Lombok, kleine Zwiebeln (ähnlich den Perlzwiebeln), Piccalli (eine Mischung von sauer eingelegtem Gemüse, das mit Senf und Curry gewürzt ist), kleine Pfeffergürkchen, geröstete Erdnüsse, Ingwerpflaumen, saure Gurkenstückchen, rote Fischchen.

Eine solche Reistafel, die man wirklich als »große« Reistafel bezeichnen kann, ist ein Gemisch von kalten und warmen Speisen. Heiß sind eigentlich nur der Reis, das Huhn, die Fleischklöße und die Suppe, alles andere ist kalt. Diese kalten Beilagen kommen aber nie eiskalt aus dem Kühlschrank, weil sie sonst den typischen Geschmack verlieren würden.

Zu diesen Beilagen kommen noch die verschiedenen Ketchups. In der Hauptsache Tomatenketchup, Mango-Chutney und Indian-Chutney.

Das Getränk dazu hat keine feste Regel. Es werden Schnaps und Bier genauso gerne wie Wein dazu getrunken. Manchmal gibt es auch angewärmten Reiswein.

Da die große Reistafel sicher nur wenige daheim nachkochen können, sei hier die kleine *»Seemannsreistafel«* oder »Marinecurry« eingehend erwähnt und zur Nachahmung empfohlen.

Sie besteht aus:

einer großen Schüssel lockerem, trockenem Reis. Wie er gekocht wird, wissen wir bereits. Man trägt ihn in großen Mengen heiß auf. Dann kommt eine große Schüssel Huhn mit Currysauce (s. S. 174), auch sie ist heiß zu servieren.

Dazu kommen die kleinen Beilagen. Ein großes Tablett mit kleinen Schüsseln, deren jede mit grünen Salatblättern ausgelegt ist. Sie enthalten Ölsardinen, Krabben, geröstete Erdnüsse, feine Zwiebelwürfel, Scheiben von harten Eiern, Mango-Chutney, Tomatenscheiben (mariniert wie zu Salat), Gurkenscheiben von frischen Gurken (wenig gesalzen), kleine Pfeffergurken. Piccalli (gibt es in Gläsern zu kaufen), gewürfelten gekochten Schinken, gewürfelten rohen Schinken, Haselnußkerne ohne die braune Schale, Ingwerpflaumen, kleine gehackte Kalbssteaks (s. S. 63), gebratene Geflügelleber mit Champignonscheiben.

Man hat einen großen Suppenteller vor sich, der mit reichlich heißem Reis gefüllt wird. Darauf kommen die obigen Beilagen, die meistens kalt sind. Jetzt wird alles gut gemischt, dann erst das Hühnerfleisch mit der heißen Currysauce darübergeben. Übrigens braucht es nicht immer Huhn zu sein, es eignet sich durchaus auch Kalb- oder Hammelfleisch, welches wie das Huhn in Curry zubereitet wird (s. S. 174).

Als Getränke passen sowohl Weiß- wie Rotwein, Bier und reichlich Schnaps, am besten klarer, der nicht zu kalt sein darf oder angewärmter Reiswein.

Eine solche Reistafel sollten Sie unbedingt einmal versuchen, Sie werden begeisterte Gäste haben, die diese Mahlzeit nie vergessen. Es gibt keine kochtechnischen

Schwierigkeiten, man muß sich nur einmal dazu überwinden. Aber wer sie nur ein einziges Mal gemacht hat, der wird sie immer wieder mit Vergnügen kochen – zu seiner eigenen und seiner Gäste Freude!

Register

WIR BACKEN MIT REIS

SO KOCHT MAN REIS IN ALLER WELT

Amerika:

China:

DIE INDISCHE REISTAFEL